Treffen sich Otter, Pferd und Widder zum Skat...

Ein subjektiver Blick auf die abendländische, die chinesische
und die indianische Astrologie

Zur Autorin:
Karin Straub, geboren 9. April 1962; wenige Monate später Umzug nach Hamburg.
Kindheit und Jugend zeichnend, Fußball spielend, schreibend und auf den Sportplätzen der Stadt zugebracht.
Zum Austoben Malerlehre, anschließend Fachabitur für Gestaltung, dann im beschaulichen Hildesheim FH-Studium Kommunikationsgestaltung, ebenfalls mit Abschluss.
Jobs als Nachhilfelehrerin, Malerin, Fachberaterin für Baubedarf, Christl von der Post, Haustechnikerin.
Dieses Buch ist die erste Veröffentlichung.
Die Gesamtgestaltung und die Illustrationen stammen von der Autorin.

Dieses Buch widme ich Mutti, Muffel, Moni, Martha.

Impressum:
©2019 Straub, Karin
Herstellung und Verlag: BoD – Books on Demand, Norderstedt
ISBN 9 78373 2298334

Inhaltsverzeichnis

Motivation 7
Annäherung an die Astrologie 11
Unser Wegbegleiter- der Aszendent 19

Die abendländischen Sternzeichen 21
   Widder (21.März – 20.April) 23
   Stier (21.April – 21.Mai) 29
   Zwillinge (22.Mai – 21.Juni) 35
   Krebs (22.Juni – 22.Juli) 41
   Löwe (23.Juli - 23.August) 47
   Jungfrau (24.August - 23.September) 53
   Waage (24.September – 23.Oktober) 59
   Skorpion (24.Oktober – 22.November) 65
   Schütze (23.November – 21.Dezember) 69
   Steinbock (22.Dezember - 20.Januar) 73
   Wassermann (21.Januar – 19.Februar) 77
   Fische (20.Februar – 20.März) 85

Die chinesischen Sternzeichen 93
   Ratte... und andere Gedanken 95
   Büffel... und andere Gedanken 103
   Tiger... und andere Gedanken 109
   Hase... und andere Gedanken 117
   Drache... und andere Gedanken 123
   Schlange... und andere Gedanken 129
   Pferd... und andere Gedanken 135
   Ziege (auch Schaf)... und andere Gedanken 141
   Affe... und andere Gedanken 147
   Hahn... und andere Gedanken 153
   Hund... und andere Gedanken 157
   Eber (auch Schwein oder Wildeber)...u. a. Gedanken 163

Die indianischen Sternzeichen 169
  Schneegans (22.Dezember – 19.Januar)......................... 173
  Otter (20.Januar - 18.Februar)................................. 179
  Puma (auch Wolf) (19.Februar – 20.März)..................... 185
  Roter Habicht (21.März – 19.April) 191
  Biber (20.April – 20.Mai)....................................... 195
  Hirsch (21.Mai – 20.Juni)....................................... 199
  Specht (21.Juni – 22. Juli).......................................203
  Stör (auch Lachs) (23.Juli – 22.August) 207
  Braunbär (23.August – 22.September).......................... 211
  Rabe (23.September – 23.Oktober)............................. 217
  Schlange (24.Oktober – 21.November)......................... 221
  Wapiti (auch Eule) (22. November – 22. Dezember) 225

Letzte Betrachtung 231
Danksagungen 235
Literatur..237

Motivation

Als in den 1980er Jahren kurz nach der indianischen auch die chinesische Astrologie in unseren Landen an Bekanntheit gewann, wurde es auf diesem Gebiet der "populären Pseudo- Wissenschaft" noch spannender als eh schon. Vor allem für Menschen, die sich gerne mit Astrologie beschäftigen- allen anderen dürfte es ziemlich wurscht gewesen sein.
Aber letztere lesen ja auch keine Bücher darüber...

Mich drängte es, diese exotischen Astrologien kennen zu lernen, sie miteinander zu vergleichen und zu erkunden, wo sie Ähnlichkeiten oder gar Übereinstimmungen aufweisen. Dabei werde ich die indianische "Astrologie der Erde" etwas genauer betrachten als die chinesische, wenngleich sie- falls ich das richtig verstanden habe- eigentlich weitgehend auf der abendländischen beruht.
Soweit ich weiß, basiert die "indianische Astrologie" (bekannt durch den Klassiker von Wabun und Sun Bear: "Das Medizinrad") auf den Visionen des Indianers Vincent LaDuke (1929- 1992), der sich später den Namen Sun Bear zulegte.
Was wir als "indianische Astrologie" bezeichnen würden, wäre eine Mischung aus vielen verschiedenen nordamerikanischen Mythologien. Von den mehreren hundert Stämmen der Ureinwohner hatte- von einigen Überstimmungen abgesehen- ungefähr jeder eine eigene entwickelt, die LaDuke mehr oder weniger intensiv studierte und in Relation setzte zur abendländischen Astrologie, die durch die zahlreich eingewanderten Europäer längst Einzug gehalten hatte in den nordamerikanischen Staaten.

LaDuke wollte mit dieser Aktion "den Weißen dazu verhelfen, den Kontakt zur Mutter Erde wieder herzustellen", den sie mit Hilfe der "Zivilisierung" (zum Beispiel dem Ausrotten der Ureinwohner, dem Abknallen der Büffel (Anm. d. A.)) nahezu völlig verloren hatten.

Diese antreibende Intention LaDukes traf den Nerv der jungen Menschen des New Age, die an der zunehmenden Umweltzerstörung nicht einfach vorbeikuckten. Im Gegensatz zu vorhergehenden Generationen empfanden sie die Erde nicht mehr als Selbstbedienungsladen, den man endlos und ohne gravierende Folgen plündern kann. Der Slogan "Zurück zur Natur" dürfte zu jener Zeit eine Renaissance erlebt haben- "Das Medizinrad" rannte praktisch offene Türen ein, da es zum sensibilisierten Zeitgeist passte.

Durch Wabuns, bzw LaDukes Weitergabe der feinfühligen Ausleuchtung aller Eigenschaften der mineralischen, pflanzlichen und tierischen "Totems" (z.B. Feueropal, Löwenzahn und Roter Habicht) entstand ein viel differenzierteres Gesamtbild eines Menschen, als es mir bis dahin in "unseren" Astrologiebüchern begegnet war.

Als Bereicherung empfand ich auch, dass die beiden Autoren den Blick durch zwei Brillen gewagt haben; sie stellten die Frage, wie sich die Eigenschaften eines Menschen unter guten, und wie sie sich unter miesen Lebensbedingungen entwickeln. Auch dieser Perspektiv-Wechsel war mir bis dahin beim Studieren hiesiger Astrologiebücher nicht aufgefallen.

Möglicherweise war und ist "Das Medizinrad" hierzulande deshalb so beliebt.

Die uralte chinesische Astrologie schließlich barg eine besondere Herausforderung. Zwar weist auch sie zwölf Zeichen auf, diese wechseln jedoch im Jahresrhythmus und haben nicht vier, sondern fünf Elemente als Mitgestalter. Wenn jede Ratte, jeder Büffel, jeder Tiger und alle anderen 9 Zeichen in fünf Variationen durch die fünf Elemente vorkommen, d.h. als Metall-, Feuer-, Wasser-, Erde- oder Holz- eingefärbter Charakter, so dauert hier ein kompletter Zyklus 60 Jahre und nicht nur zwölf Monate wie bei uns. Nehmen wir noch die 12 Doppelstunden eines Tages hinzu, die von jeweils einem Zeichen "regiert" werden und den Aszendenten (den "Wegbegleiter") bilden, kommen wir in der chinesischen Astrologie auf 720 verschiedene "Grundtypen".

Das sieht durchaus umfangreicher aus, als wir es von unserer Astrologie her kennen; wir kommen inklusive unseren Wegbegleitern, den Aszendenten, auf 144 Grundtypen. Gehen wir hier jedoch ins Eingemachte, indem wir die verschiedenen Aspekte, die Häuser, "die Jungfrau im Uranus", "den Löwen im Saturn", "den Krebs im Jupiter" und dergleichen ansehen, dann ist auch hier die Verwirrung perfekt. So ein differenziertes "Horoskop" (aus dem Griechischen: "Blick in die Stunde", was die Wichtigkeit der Geburtsstunde illustriert) lässt sich nur kompliziert berechnen von jemandem, der sich damit auskennt.

Ich habe nicht den Ehrgeiz, ein Weg weisendes astrologisches Kompendium zu schreiben, dazu fehlen mir die ganz tiefen Einblicke. Womit ich mich beschäftigen möchte, ist ein grober Überblick der "Typen", ein persönlicher Blick auf die Ausstrahlung der einzelnen Menschen, die unter diesem oder jenem Zeichen zur Welt gekommen sind, und damit, an welchen typischen Kleinigkeiten man sie oft so gut erkennen kann.

Annäherung an die Astrologie

….und andere Gedanken

Als ich noch eher klein war, bemerkte meine Mutter des Öfteren, dass Steinbock-Menschen die besten Menschen seien. Es klang für mich so, als sagte sie dies halb im Scherz, halb aus tiefster Überzeugung.
Dass Steinbock- Geborene die besten Menschen sein sollten, war für mich damals schwer vorstellbar, denn meine Mutter (Überraschung: Steinbock) war ein eher unentspannter Typ, der sich zwar von der "astrologischen Verträglichkeit" her einen passenden Ehepartner gewählt hatte, jedoch zusammen mit ihm den Beweis erbrachte, dass dieses Prädikat keine Garantie auf Harmonie und Stabilität mit sich bringt.
Nach meiner Erfahrung sind Beziehungen von genau der Qualität, die man ihnen unter endlosem persönlichen Einsatz verleiht.

Es gibt jede Menge Literatur über die Astrologien dieser Welt, unter anderem das zwar recht trockene, doch ziemlich interessante Buch von Gunter Sachs ("Die Akte Astrologie"), welcher in endloser Fuddelarbeit eine beeindruckende Menge an Einzeldaten zusammentrug, um sie nach "signifikanten Häufungen" zu untersuchen, so zum Beispiel sinngemäß:

-Waage-Menschen heiraten oft, lassen sich sehr häufig wieder scheiden und haben die niedrigste Selbstmordrate,
-Jungfrauen heiraten häufig Jungfrauen und haben ein dünnes Nervenkostüm, was man u.a. gut an ihrer Fahrweise erkennt (Platz 1 auf der Liste der Unfallverursacher),

-Krebs- Frauen heiraten überdurchschnittlich gerne und haben sehr häufig soziale Berufe,
-Widder arbeiten auffallend häufig als Grundschullehrer, sind auffallend selten Drogen- Konsumenten, sitzen dafür aber verhältnismäßig oft wegen Gewaltverbrechen im Knast und so weiter.

So dröge der Stoff auch 'rüberkommt, die Ergebnisse weisen eine oft verblüffende Ähnlichkeit mit meinen Erfahrungen auf.
Aufgrund der, mir wenig einleuchtenden, aber wiederholten Aussage meines Mütterleins entwickelte sich in mir recht früh ein Interesse an der Astrologie.

Da werden die Menschen also ganz grob in zwölf Typen aufgeteilt, die da heißen: Widder, Stier, Zwillinge (die Frühjahrs- Vertreter), Krebs, Löwe, Jungfrau (die Sommerzeichen), Waage, Skorpion, Schütze (welche im Herbst vorkommen), Steinbock, Wassermann und Fische (die Winterzeichen).
Diesen zwölf Typen werden vier Elemente zugeordnet- eine schnell durchschaubare Sache, wenn man sich das als Tabelle ansieht:

♈︎ Widder	♌︎ Löwe	♐︎ Schütze	Feuer
♉︎ Stier	♍︎ Jungfrau	♑︎ Steinbock	Erde
♊︎ Zwillinge	♎︎ Waage	♒︎ Wassermann	Luft
♋︎ Krebs	♏︎ Skorpion	♓︎ Fische	Wasser

Innerhalb der 12 Tierkreiszeichen tauchen die vier Elemente je dreimal auf, und zwar immer in der Reihenfolge Feuer, Erde, Luft, Wasser.
Demzufolge haben wir ganz grob 4 Naturells; ich wage mal den Vergleich mit den Temperamenten:
Feuer entspricht dem Choleriker,
Erde entspricht dem Phlegmatiker,
Luft entspricht dem Sanguiniker,
Wasser entspricht dem Melancholiker.

Tatsächlich geht diese Zuordnung häufig in dieselbe Richtung wie meine Erfahrungen mit Menschen, was jedoch keineswegs bedeutet, dass mir nicht auch schon cholerische Luftzeichen oder melancholische Feuerzeichen begegnet sind.
Wir stehen quasi vor einem Haufen unterschiedlichster Wesens- Mischungen, die ich hier im Einzelnen nicht ausführlich beleuchten kann, da ich vorhatte, noch in diesem, meinem vermutlich einzigen irdischen Leben dieses Buch zum Ende zu bringen.
Über eine grobe Annäherung an die Menschentypen werde ich nicht hinauskommen. Mit dem Versuch, in schriftlicher Form über eines meiner Interessengebiete nachzudenken, kann und möchte ich keine wissenschaftlich fundierte Fachliteratur abliefern (so wie Gunter Sachs), sondern in erster Linie von meinen, sich oft wiederholenden Erfahrungen mit verschiedenen Charakteren erzählen.
Je länger ich mich mit "Typischem" und "Wesensfremdem" beschäftigte, desto häufiger fällt mir auf, dass anscheinend jedes Sternzeichen seine Pazifisten und seine Krawallschachteln mit sich bringt und eine Betrachtung nicht unbedingt eindeutige Schlussfolgerungen erlaubt. Im Übrigen hat sich Schubladendenken selten bewährt – also, egal, wer einem da entgegenkommt: am besten die Sinne

aufsperren. Es könnte sowohl ein angepasster Widder sein als auch ein Krebs- Geborener in Revoluzzerformat (wie z.B. Che) – der Raum für Irrtümer ist grenzenlos.

Was genau ist eigentlich so interessant an der Astrologie? Ist sie nicht genau das, was ich eigentlich nicht haben möchte, nämlich eine Einordnung in zwölf Schubladen?
Warum sich Menschen für Astrologie oder auch Tarot, Runen oder Übersinnliches interessieren, hat sicher viele Ursachen. Eine davon scheint mir zu sein, dass der Mensch die überaus komplizierte Welt um sich herum etwas weniger verwirrend finden möchte und deshalb in oben genannten Wissensgebieten Wegweiser sucht für sein Leben.
Ob jüngst ein weiteres Sternbild entdeckt wurde, welches man versuchsweise in die bereits vorhandenen Tierkreiszeichen 'reinfummelte (der so genannte Schlangenträger, 29.11. – 17.12., also eigentlich ein Schütze), ob schlaue Menschen nicht zu Unrecht anzweifeln, wie derart weit entfernte Planeten überhaupt einen Einfluss ausüben können, da von ihren wissenschaftlich nachgewiesenen Gravitations- und anderen Kräften bei uns nichts nachweisbar ist... das alles interessiert mich hier wenig.
Was mich interessiert ist, warum manche Menschen derart auffällige Löwen, Widder, Skorpione oder Wassermänner sind, dass ich sie auf den ersten oder zweiten Blick als solche zu erkennen vermag. Gerade Charaktere mit klaren Konturen, die ein Faible für Offenheit haben, lassen sich oft sehr leicht erkennen. Die Menschen, die es bevorzugen, sich einen Tarnmantel umzuhängen, sind natürlich auch schwieriger zu erkennen, denn genau das wollen sie ja auch- nicht erkannt, wenn nicht gar durchschaut werden. Schüchterne oder zutiefst verunsicherte Menschen halten

es für gefährlich, erkannt zu werden, da sie damit vermeintliche Blößen freilegen, was sie angreifbar macht. Je größer ihre Unsicherheit ist, desto dicker sind die Mauern, die sie um sich herum errichten.

Nun häng' ich seit fünfeinhalb Jahrzehnten auf der Erde 'rum und noch niemals ist mir ein Mensch begegnet, der nicht ir-gend-et-was an sich hat, das er am liebsten nicht an sich hätte und es entsprechend klein redet, kaschiert oder ignoriert.

Wüssten wir um die Schwächen unserer Mitmenschen wie um unsere eigenen, so wäre der Umgang miteinander viel entspannter, davon bin ich überzeugt. Vermeintliche Charakterschwächen als etwas genauso Normales anzusehen wie so genannte Tugenden halte ich für einen guten Anfang.

Aber leider stecken wir irgendwie ständig in der Bewertung fest- alles, was wir sehen oder hören, wird erstmal durch unseren Bewertungsfilter geschickt und einsortiert. Wir haben verinnerlicht, dass Tugenden gut und Schwächen schlecht sind... es sei denn, wir haben eine Schwäche für die Barockkunst oder für Schokolade, dann ist es eher niedlich und wird als harmlos angesehen.

Jedoch so Klopper wie Neid, Eifersucht oder Ähnliches gilt es zu kaschieren, denn wenn mein Gegenüber Wind davon kriegt, belastet dies mein Sympathiepunkte- Konto. Wir aber wollen unangreifbar sein und vor allem sympathisch wirken, deshalb diese dauernden Schminkaktionen.

Nun muss natürlich jeder selber wissen, wie er am besten über die Runden kommt. Dem Einen ist Offenheit das Mittel der Wahl, der Andere bleibt lieber im Verborgenen. Je nachdem, wo man sich gerade befindet, kann mal das Eine, mal das Andere der klügere Weg sein. Chefs zum Beispiel sind nicht sooo häufig Fans von offener

Meinungsäußerung, wenn selbige nicht mit der ihren übereinstimmt. In diesem Fall wäre es weniger selbstschädigend, den Ball flach zu halten.
Unter Freunden jedoch halte ich ein Spiel mit offenen Karten für angemessen- sind sie denn nicht die Personen unseres Vertrauens? Eben.
Aber auch da finden sich sehr häufig Rollen, die gespielt werden. In meinem Leben hat dieser Umstand hin und wieder dazu geführt, dass eine Beziehung- oft nach vielen Jahren- zu Ende ging, oder wie ich es als treffend empfinde: eines natürlichen Todes starb. Ich verbringe meine Zeit am liebsten mit Leuten, die gut als Vorbild taugen, von denen man etwas lernen kann und die selbst lebenslang bereit sind zum Lernen- getreu dem Motto: der Erleuchtung ist es egal, auf welchem Wege Du sie erlangst.

Alle anderen Verbindungen erhalten von mir nicht das Prädikat "Freundschaft", sondern die Bezeichnung "Bekanntschaft" oder auch "Gute Bekanntschaft"; so möchte ich auf keinen Fall die vielen kurzweiligen Jahre mit meinen Kegelbrüdern missen!
(... dies ist eine der völlig normalen Abschweifungen vom eigentlichen Thema, die ich in Folge aber nicht mehr als solche kennzeichne... manchmal fällt mir halt während des Schreibens noch irgendetwas ein, was irgendwie doch zum Thema passt. Für's TrotzdemLesen Danke!)

Ja, also die Annäherung an die Astrologie:
ich möchte ein leicht lesbares, verständliches, nicht ZU kleinteiliges Buch über die Astrologie schreiben, in das ich persönliche Eindrücke und Erfahrungen einfließen lasse. Dabei möchte ich die verschiedenen Vorzeichen streifen, unter denen Menschen groß werden und inwieweit diese Einfluss haben auf das Gesamtgefüge "Charakter". Dazu

gehört auch die An- oder Abwesenheit von Resilienz, die dem Menschen innewohnende Energie, ihr Leben möglichst selbstbestimmt zu gestalten und die nicht unwichtige Selbsterziehung, die bestenfalls irgendwann im Leben einsetzt, wo Schadensbegrenzung von Nöten ist oder- je nach Sozialisation und Typ- Befreiungsarbeit geleistet werden könnte oder sollte.

Ich glaub', das war's zur Annäherung :o)

Unser Wegbegleiter- der Aszendent

Der Ort und die genaue Uhrzeit unserer Geburt bestimmen unseren Aszendenten. Er ist sozusagen unsere zweite Hälfte, die witzigerweise auch in der zweiten Lebenshälfte an Bedeutung gewinnt, wie ich mehrfach lesen konnte und inzwischen längst selber merke.

Auf unseren Aszendenten kommen wir, wenn wir einen Profi- Astrologen damit beauftragen, ihn uns anhand unserer möglichst präzisen Angaben auszurechnen... oder wir fragen Dr. Google.

Dieser Wegbegleiter jedenfalls hat einen zunehmenden Einfluss auf unsere Denken und Fühlen; je älter wir werden, desto mehr tendieren wir zu ihm. So ein Aszendent kann eine tolle Bereicherung sein und uns helfen zu verstehen, warum wir hier und da so "für uns untypisch" denken und entscheiden. Es kann nicht schaden, sich frühzeitig mit ihm anzufreunden... oder ihn doch zumindest als das zu akzeptieren, was er ist- eine Unabänderlichkeit.

Die abendländischen Sternzeichen

Widder (21.März – 20.April)

(...und ein paar andere Gedanken)

Wenn ich über Widder nachdenke, fallen mir erstmal zwei ganz unterschiedliche Typen ein.

Die Einen haben im allgemeinen Schwierigkeiten, sich an Regeln zu halten, sind eher respektlos, oft ungehobelt, laut, jähzornig, sprunghaft und gehören eher zu den "Physischen" als zu den "Philosophen". Diese Knaben sind schon früh richtige Kerle... viele Mädchen auch.

Wenn Widderkinder in den ersten Lebensjahren keine konsequente, doch möglichst liebevolle Führung erhalten, haben Sie etwas Quecksilbriges an sich, was irrsinnig anstrengend sein kann.

Auch als Erwachsene haben Widder sehr oft noch diese Unangepasstheit und diesen Eigensinn, was sie insgesamt zum Liebling der meisten Chefs macht.

Leuchtet ihnen eine Regelung nicht ein, setzen sie sich gerne darüber hinweg, ohne sich großartig Gedanken um die Folgen zu machen. Sowohl Mädchen als auch Jungen sind Provokateure; sie wachsen an Herausforderungen und brauchen den Widerstand als Lebenselixier, möchte man meinen. Bevor dieses Widder-Kind das Wort "Mama" ausspricht, hat es möglicherweise die ganze Palette an "Neins" drauf... das ist allerdings nur eine Vermutung. Mein Mütterlein erzählte mir vor vielen Jahren, ich hätte als Kind zu allem und jedem erstmal NEIN gesagt, auch weit über das "Trotzalter" hinaus.

Fühlen sich Widder- Kinder gut aufgehoben, an- und erstgenommen, können sie zu den folgsamsten, hilfsbereitesten Kindern überhaupt werden. Erwachsene, die in ihnen Respekt und Zuneigung wachrufen, können von Widder- Kindern praktisch alles haben.

Wenn ihre eigenen Eltern mit ihnen überfordert sind und ihnen zuwenig von diesem oder jenem geben – Angenommensein, Input usw. – dann suchen sich die Kleinen durchaus mal Ersatz- Erwachsene, von denen sie lernen können. Im Normalfall (falls es den gibt) hat das Widder-Kind einen wachen Geist und ist an sehr vielem interessiert, was den Erwachsenen den Umgang mit ihnen auch nicht gerade erleichtert.

Sie fordern ihrer Umgebung einiges ab; ihre rund 1000 Fragen pro Tag verlangen nach Antworten. Das halten nur Erwachsene mit guten Nerven durch oder jene, die – wie vorhin erwähnt – in ihrem Widder- Kind Respekt und Zuneigung wachrufen; dann nerven sie irgendwie nicht.

Niemand, der ein Widderkind erwartet oder schon eins zuhause hat, sollte sich der trügerischen Hoffnung hingeben, er könne es problemlos täglich vor der Glotze parken. Wenn es doch schon DA ist, dann will es schließlich auch so viel wie möglich lernen!

Wem das zuviel ist, der ist mit einem Mops besser beraten – ein Mops braucht auch weniger Auslauf als ein Widderkind und ist mit seinem Naturell DER Hund für Sofa-Kartoffeln...

Widderkinder strotzen vor Energie, die 'raus muss. Sie früh mit Sport vertraut zu machen, ist in jedem Fall eine gute Idee; die besten Sportarten sind die, bei denen sie sich richtig austoben können, wodurch sie die Möglichkeit erhalten, überschüssige Energie und Frust abzubauen.

Ein mir bekannter Widderjunge, dessen Energie locker für 3 Kinder ausreicht, erhielt 'ne ganze Weile Geigenunterricht, der ihm durchaus Spaß gemacht hat; so richtig froh aber war er erst über seinen Schlagzeugunterricht, da konnte er sich besser austoben. Feine und ruhige Beschäftigungen, wie beispielsweise Klöppeln, kann man Widder- Menschen bestenfalls und normalerweise erst bei fortgeschrittener Reifung anbieten.

Denke ich nun an eine weitere Erscheinungsform der Widder- Kinder, kommt mir sofort mein ehemaliger Schulkollege Martin in den Sinn, der einen Tag nach mir Geburtstag hatte, aber so ganz anders 'rüber kam. Seine Eltern habe ich nie kennen gelernt; vielleicht waren sie in der Lage, Martin ein friedliches und liebevolles Zuhause zu bieten; vielleicht interessierten sie sich gar für ihn, unternahmen mit ihm schöne Sachen oder ließen ihm jede Menge Unterstützung angedeihen ... wie auch immer es sich verhielt – Martin vertritt in meiner Erinnerung den ganz anderen Widder-Typus , die brave Nicht- Nervensäge.

Von den ruhigen, disziplinierten, wohlerzogenen, fleißigen, vielleicht sogar eher vergeistigten und viel besser angepassten Widdern lernte ich auch einige kennen und war während der Schulzeit erstaunt, mit wie wenigen Widerworten manche von ihnen auskommen und darüber, dass sie scheinbar keinen Jähzorn in sich haben...

Gut, es liegt nahe, dass bei ihnen zuhause nicht täglich 'rumgebrüllt wurde, vielleicht mussten sie keine Demütigungen in physischer und psychischer Form ertragen, wie es in den 60ern und 70ern gang und gäbe war. Wer weiß – vielleicht hatten sie ausgeglichene, liebvolle Eltern ... darüber kann ich nur spekulieren. Es wäre aber nicht so abwegig, wenn man bedenkt, dass Kinder in ihren diversen Ausdrucksformen auch und vor allem ihr Elternhaus widerspiegeln.

Der Widder ist von Natur aus ehrlich- wenn auch oft gedankenlos- und spielt am liebsten mit (hier und da schonungslos) offenen Karten. Mit seinen statements kann er seinem Gegenüber manchmal auf die Füße treten, ist aber auch in der Lage, verdiente Nackenschläge einzustecken.

Je länger ich mich mit Astrologie beschäftige, desto häufiger fällt mir auf, dass anscheinend jedes Sternzeichen seine Friedliebenden und seine, mit einem Murmelbeutel Gepuderten hat, wodurch eine Betrachtung deshalb gerne mal auf Holzwege führt. Die Veranlagung und die Lebensumstände entscheiden darüber, ob sich die große Energie eines Widders positiv oder negativ auswirkt. In jedem Fall sollte man dem kleinen Draufgänger im eigenen Interesse beibringen, sich zu beherrschen.

Der Widder gehört den Feuerzeichen an, sein Planet ist der Mars. Mars ist auch der Name des römischen Kriegsgottes, eines Aufmischers also. Er steht für das Männliche und symbolisiert Energie und Tatkraft, aber auch Gewalt und Krieg.

Wer passt wie zum Widder?

Widder schließen am leichtesten Freundschaften mit den anderen beiden Feuerzeichen, dem *Löwen* und dem

Schützen. Hier entwickeln sich nicht selten Beziehungen für's Leben.

Eine starke Affinität und den größten Spaß haben sie des weiteren zu und mit den Luftzeichen, dem *Zwilling* und dem *Wassermann-* hier muss man allerdings die *Waage* ausklammern. Zu ihren entgegengesetzten Zeichen haben die meisten Menschen keinen allzu dicken Draht, keine Ahnung, warum. Aber das zieht sich durch den ganzen Tierkreis.

Die Wasserzeichen *Krebs, Skorpion* und *Fische* stellen- mehr noch als die Erdzeichen *Stier, Jungfrau* und *Steinbock-* eine große Herausforderung für den Widder dar, denn hier prallen üblicherweise zwei Welten aufeinander. Eine Verständigung ist hier viel komplizierter als mit den Feuer- und den Luftzeichen, und Beziehungen werden nur ausnahmsweise zum angenehmen Selbstgänger. Hier sind große Portionen Aufmerksamkeit, Einfühlungsvermögen und Toleranz notwendig, damit der Gesprächsfluss nicht versiegt und eine spannende und interessante Freundschaft gedeihen kann.

Stier (21.April – 21.Mai)

(...und ein paar andere Gedanken)

Inwieweit es mir möglich wird, über Stiere zu schreiben, ohne allzu stark unter dem Einfluss der Erfahrungen mit meinem Erzeuger zu stehen, wird sich herausstellen.

Es ist nicht zu leugnen, dass die Eltern und Geschwister, mit denen man seine ersten Lebenserfahrungen macht, einen (höchstwahrscheinlich) lebenslangen Einfluss auf uns ausüben. Wir stehen heute deshalb dort, wo wir stehen, weil wir aus genau diesem Elternhaus kommen. Und was wir aus all dem gemacht haben.

Ob wir die Verhaltensweisen unserer Eltern nachleben oder eine ganz andere Richtung einschlagen, ist zunächst egal; unser Werdegang, unsere soziale Herkunft hat den ersten Ausschlag dafür gegeben, wie wir heute denken, fühlen und handeln.

Wir haben allerdings jederzeit die Wahl, uns weiter zu entwickeln. Nach meiner Erfahrung tun sehr viele Menschen zwar so, als stimme das nicht, aber das muss einen ja nicht abhalten.

Also Stiere.

Hier, wie auch bei nahezu allen anderen Zeichen gilt, dass es große "Ausstrahlungs- Unterschiede" gibt zwischen männlichen und weiblichen Stieren.

An Stier-Männern fiel mir in den vielen Jahren meiner Beobachtung immer wieder auf, dass sie zumeist ein dünnes Nervenkostüm haben, was sich darin zeigt, dass sie häufig irgendeine Form von Drogen zu sich nehmen; sei es Tabak, Alkohol oder was auch immer. Nie aufgefallen hingegen ist mir, dass einer von ihnen an der Nadel gehangen hätte, während häufige Partnerwechsel eher vorkamen ... allerdings zumeist nur bei den, von Testosteron durchfluteten jungen Hopsern.

Es zeigte sich des Weiteren sehr häufig innere Unsicherheit in Form von feuchten Händen, Nägelkauen und unstetem Blick.

Die gänzlich anders 'rüberkommende Fraktion der Stier-Männer strahlt eine unumstößliche Bierruhe aus; diese Typen sind leise, geradezu sanft, scheinbar wirklich geerdet und lassen sich nur sehr schwer aus der Ruhe bringen. Sie wirken eher wie selbstsichere, stabile Charaktere, denen man sich gerne anvertrauen würde, ja, die man gerne als Freund hätte, weil sie eine lässige Souveränität ausstrahlen, die man sich auch für sich selbst wünscht (viele liebe Grüße an Falko, Rolf, Helwig, Udo, Sascha, Det und Thomas :o)).

Inwieweit bei diesen beiden so unterschiedlichen Erscheinungsformen die Sozialisation eine Rolle gespielt hat, kann ich im Einzelfall nur vermuten. Oft begegnen uns Menschen nur für eine mehr oder weniger kurze Zeit; die wenigsten lernen wir im Laufe unseres Lebens wirklich gut kennen. Was aber hier wie dort gilt, ist der Grad der inneren Widerstandskraft, welcher darauf Einfluss nimmt, wie wir als Erwachsene mit unseren mehr oder weniger traumatischen Erfahrungen umgehen. Die souverän anmutenden Stiermänner hatten möglicherweise Unterstützung, als sie sie brauchten, oder sie sind mit einer sehr viel größeren Portion Resilienz gesegnet als die mit den feuchten Händen. Vielleicht können sie auch nur besser schauspielern, wer weiß.

Wie auch immer – letztlich kann man nur bis zur Stirn sehen. Wie jemand tickt, zeigt sich bestenfalls ab dem Zeitraum, wenn aus einer Begegnung Freundschaft wird. Und auch da können wir nicht sicher sein.

Ich habe Stiermänner egozentrisch erlebt, altruistisch, beziehungsunfähig, klug, verlogen, unterwürfig, übergriffig, authentisch, dominant, liebevoll, absurd – tja, was soll man da sagen?

Jedenfalls freue ich mich sehr darüber, dass ich sieben echt dufte Stiermänner kennen gelernt habe!

Auf meiner Stier- Landkarte gibt es einen großen weißen Fleck: die Damen der Riege.

Ein Grund dafür könnte sein, dass wir uns gegenseitig nicht als sonderlich attraktive Gesprächspartnerin empfinden. Es sind entsprechend wenige Stierfrauen, mit denen ich je wirklich ins Gespräch gekommen bin, weshalb ich mich hier gerne zurückhalten möchte mit meiner Beleuchtung.

Was mir allerdings auffällt, ist der, auch bei Stierfrauen häufige Mangel an Authentizität, der dazu führt, dass sie gerne mal etwas unkonturiert 'rüberkommen, gekünstelt wirken und nebulös bleiben – so, als hätten sie Angst oder als wollten sie vermeiden, erkannt zu werden...

In den Genuss ihrer warmherzigen Anteilnahme werde ich vermutlich nicht allzu häufig kommen, weil wir einfach nicht füreinander gemacht sind. Doch traue ich ihnen unbedingt zu, dass sie andere Menschen mit ihrer Liebe überschütten können und ihnen wunderbare Partnerinnen, Mütter oder Freundinnen sind!

Dadurch, dass ihr Planet die Venus ist, wird den Stieren ohnehin von alters her Wärme, Weichheit und bei Frauen ausgeprägte Weiblichkeit zugeordnet. Dass mir diese Eigenschaften an ihnen bisher nicht als erstes auffielen, geht sicher zum großen Teil auf meine Kappe; ich rufe diese Dinge offenbar nicht bei ihnen hervor.

Mir kommt stattdessen als Überschrift eine "bestimmte, keinen Widerspruch duldende Entschlossenheit" in den Sinn; wobei sich mir spontan meine Vorstellungen von Barbara Streisand, Andie MacDowell und Shirley MacLaine aufdrängen- drei starke, vermutlich anstrengende Frauen.

Nach meiner dürftigen Erfahrung sind eigentlich SIE es, die bei diesem Sternzeichen die Testikel in den Beinkleidern haben. Unterwürfige Stierfrauen sind mir, soweit ich mich erinnere, nicht über den Weg gelaufen.

Die wenigen Stierfrauen, mit denen mich jemals etwas verband, möchte ich hier kurz umreißen:

Olivia : Du bist die angenehmste Stierfrau, die mir je begegnet ist, und ich vermisse Dich nach wie vor! Bei Dir konnte ich die sagenumwobene Wärme, Weichheit und ausgeprägte Weiblichkeit wahrnehmen (von der ich mir durchaus 'ne Scheibe abschneiden könnte...).

Julia und *Katharina* : Euch erlebte ich schon mit Windeln am Popo und hatte Euch von der ersten Begegnung an lieb. Ihr wart und seid beide von großer Präsenz und neigt manchmal zum Lautsein. Auch wenn wir uns weitgehend aus den Augen verloren haben – eure Gummipunkte gibt's noch!

Carola : wir waren Mitte 20, als wir uns während des Studiums kennen lernten und ich hab' Dich in Erinnerung als eine der wenigen reifen Persönlichkeiten in meinem damaligen Umfeld (einige Profs inklusive). Du stelltest etwas dar und wirkest erwachsen auf mich und klug und warst voller Wärme. An dich denke ich gerne. Wie geht's Dir heute?

Dann erinnere ich mich an ein paar weitere Stierfrauen, die mir in erster Linie ihre kalte Schulter zeigten und einige, die streng und / oder humorlos auf mich wirkten.
Vielleicht mochten sie mich einfach nicht, auch okay.
Ihr lieben Stierfrauen, die Ihr nicht hier steht – wir kennen uns nicht wirklich. Alles Mögliche wohnt Euch inne, doch davon weiß ich so gut wie nichts. Gelesen habe ich, dass Ihr praktische, solide, anhängliche, geduldige und sinnliche Genussmenschen seid, im Detail jedoch seid Ihr mir eines der größten Rätsel. Aber Folgendes glaube ich zu wissen: um Euch muss man sich nicht sorgen. Ihr seid stabil und kraftvoll und seht Euch nach Hilfe um, wenn Ihr sie braucht. Kann auch nicht jeder.
Wer Euer Herz gewonnen hat, ist um eine hilfsbereite, treue, kluge und verlässliche Freundin reicher.
Gilt dies auch nicht für mich, so doch sicher für andere.

Der Stier ist ein Erdzeichen und dem Planeten Venus zugeordnet. Venus lautet auch der Name der römischen Liebesgöttin. Dieser Planet steht für das Weibliche und symbolisiert Schönheit, Anmut, Genuss, Harmonie und Gemeinsamkeit.

Wer passt wie zum Stier?

Der Stier schließt am leichtesten Freundschaften mit den beiden anderen Erdzeichen, *Jungfrau* und *Steinbock*. Hier liegen die Grundbedürfnisse und die Gesprächskultur oft auf einer Ebene. Das schafft Harmonie, die (unter anderem) den Erdzeichen wichtig ist. Beziehungen zwischen *zwei* Stieren sind mir gänzlich unbekannt.

Angezogen fühlen sich Stiere außerdem häufig von Wasserzeichen, den *Fischen*, dem *Krebs* und dem *Skorpion*. Sie geben eine prima Ergänzung zu ihm ab und nicht selten finden sich hier ganz große Gefühle.

Weniger anziehend finden die Stiere die gänzlich anders gearteten Feuerzeichen (*Widder, Löwe, Schütze*; zu laut, zu unzart, zu "anders") und Luftzeichen (*Zwillinge, Waage* und *Wassermann*; zu laisser- faire, zu leichtsinnig, zu "anders"). Es entwickeln sich zwar auch hier ausnahmsweise Freundschaften, aber man kann nicht behaupten, dass in diesen Fällen die angenehmen Selbstgänger häufig vorkommen. Hier gilt es, Verständigungsschwierigkeiten aus dem Weg zu räumen- man denkt und fühlt eben sehr unterschiedlich.

Hier wie überall entscheidet die Gesamt- Konstellation, und natürlich auch, wie liebevoll und aufmerksam man mit anderen Menschen umgehen kann, die nicht so sind wie man selbst, und ob man Lust hat, sie wirklich kennen zu lernen.

Zwillinge (22.Mai – 21.Juni)

(...und ein paar andere Gedanken)

Bei dem Spruch mit den "zwei Seelen, ach, in meiner Brust" denken viele automatisch an die Zwillinge- Geborenen. Gerne wird ihnen eine Doppelgesichtigkeit zugeordnet, die man verschieden deuten kann: ist dies Jekyll- Hyde- mäßig zu verstehen, ist es ein Synonym für Doppelzüngigkeit, also Verlogenheit, oder haben sie das "2. Gesicht", können also hellsehen? Egal. Wird eh ausreichend Stuss erzählt. Am besten, man spürt selbst mal nach.

Aber erstmal sehen wir nach den Zwillinge- Eigenschaften: Männer wie Frauen sind oft gesellige, grundlos freundliche, offene, scheinbar unbeschwerte Typen, die sich nur selten mit lähmender Schüchternheit oder nervtötendem Perfektionismus herumquälen müssen. Ihnen zeigt sich das Leben in all seiner lebenswerten Vielfalt und mit seinen zahllosen Möglichkeiten, sodass sie nur selten auf etwas bestehen. Es darf auch gern was anderes sein, wenn dies oder das nicht möglich ist.

Ihre Unkompliziertheit tut Menschen oft gut; sie haben ein Patent auf den "Schalk im Nacken", bringen Andere gerne zum Lachen und haben selbst den größten Spaß an der Freud'. Wenn ihr Leben in angenehmen Bahnen verläuft, können sie die lockersten Typen sein, deren Leichtfüßigkeit sehr attraktiv ist – und ansteckend, wenn man dafür offen ist.

Schmallippige Pseudo-Intellektuelle oder Leute ohne Sinn für grundlosen Spaß halten diese gaukelnden Schmetterlinge unseres Tierkreises möglicherweise für oberflächliche Warmluft- Ventilatoren. Wenn man sich aber vergegenwärtigt, wie viele Schmähungen auf Neid und Missgunst zurückzuführen sind, kann dem Zwillinge-Geborenen auch diese Kritik getrost einen LKW breit am Gesäß vorbeigehen.

Mag sein, dass sie nicht die Allerdiskretesten sind, indem sie aus Versehen etwas ausplaudern, was eigentlich bei ihnen hätte bleiben sollen, dafür aber haben sie jede Menge Vorzüge.

Egal ob Männer oder Frauen – die allermeisten der mir bekannten Zwillinge "zwitschern gerne mal einen" (was gut zu ihrer Geselligkeit passt); ein abstinenter Zwilling ist mir nicht bekannt. Sie werden oft und gern auf Partys eingeladen, weil sie eine ansteckende Lockerheit haben, einfach nett sind und charmant plaudern können. Oft verfügen sie über einen scharfen Verstand und wachen Geist, was sie zu attraktiven Gesprächspartnern macht. Leider langweilen sie sich schnell, was das Gegenüber motivieren könnte, am besten spannend zu bleiben.

Wer auf glühende Liebesschwüre wartet und auf Einzigartigkeit besteht, wird von den wenig sentimentalen Zwillingen selten zufriedenstellend bedient. Sie sind empfänglich für allen Liebreiz, der in der Welt herumschwirrt, und oft fällt es ihnen nicht leicht, sich zu entscheiden. Was nicht zwangsläufig bedeutet, dass sie nicht treu sein können...

Eine bekannte und seit Jahrzehnten beliebte deutsche Schauspielerin sagte zu diesem Thema, sie sei Zwilling und Zwillinge seien "irgendwie immer in jemanden verliebt".

Anders als jene Menschen, die glauben, man könne nur einmal im Leben einer, SEINER großen Liebe begegnen, betrachten Zwillinge ihre Partner nicht durch die Brille der Ausschließlichkeit; sie sind (wie alle Luftzeichen) offen für nahezu alle Menschen. Das wirkt gerne mal sehr unverbindlich, womit manche eher anhänglichen Gemüter nicht zurechtkommen. Aber müssen sie ja auch nicht; sie sollten sich lieber und auf jeden Fall klarmachen, dass sich daran nichts groß ändern wird.

Die andere Fraktion der mir bekannten Zwillinge ist mürrisch, unempathisch, inkonsequent, nervtötend, unkonturiert, unberechenbar, hintenrum, selbstgerecht, ungeduldig und nicht verlässlich.

Zwillinge, deren Selbstwertgefühl am Stock geht, scheuen sich nicht davor, noch so absurde Gerüchte in die Welt zu setzen; sie sehen dann ungerührt und oft unbelastet von jeglichem Unrechtsbewusstsein zu, wie der Geschädigte im Galopp gegen den Schrank läuft.

Um aber nochmal daran zu erinnern: jeder von uns, der mit sich im Clinch liegt, bringt Seiten ans Licht, dass es einen gruselt – dies ist keineswegs die Domäne der Zwillinge. So etwas findet sich bei allen unglücklichen Menschen.

Zwillinge, die in gutem Fahrwasser unterwegs sind, gehören nach meiner Erfahrung zu den kreativsten Geistern überhaupt, mit denen sich herrlichster Nonsens verzapfen lässt; sie sind voller lustiger Ideen und haben eine der liebenswertesten Eigenschaften der Welt: die Fähigkeit, über sich selbst zu lachen (was sie wahrscheinlich bei Kindern so beliebt macht).

Mit dieser Fähigkeit sorgt Stan Laurel (16.06.), der kreative Kopf von Dick und Doof, nun schon seit einem knappen Jahrhundert für weltweite Heiterkeit. Und diese Fähigkeit ermöglicht/e vermutlich überhaupt erst Dr. "Patch" Adams (28.05.) seine unglaubliche Arbeit.

Es könnte ein Zwilling gewesen sein, der meinen Lieblings-Spruch aus dem Poesie- Album ersann; er lautet:
"Sag' mir nicht so leicht dahin, der Unsinn habe keinen Sinn! In Stunden, da der Unsinn waltet, sind die Sorgen ausgeschaltet. Und sorglos sein bringt Gewinn- also hat der Unsinn Sinn."
Wie wahr!

Mit den Zwillingen taucht in meinem Leben ein seltenes Phänomen auf: sowohl Frauen als auch Männer dieses Zeichens gehörten schon immer zu meinen Lieblings-Spielkameraden; nicht alle, aber auffallend viele.

Der Planet, der (neben der Jungfrau) den Zwilling an die Hand nimmt, ist der Merkur. Dieser steht für Kommunikation und Verstand, sodass es einen gar nicht mehr so verwundert, dass der Zwilling so drauf ist, wie er drauf ist.

Gerade fällt mir auf: Merkur ist auch der Name des römischen Götterboten, der durch seinen Job ja tatsächlich die Kommunikation ankurbelt... dascha 'n Ding!

Wer passt wie zu den Zwillingen?

Zwillinge schließen am leichtesten Freundschaften mit den anderen Luftzeichen, *Waage* und *Wassermann*. Bei letzterem sieht man sehr oft die Funken förmlich sprühen- egal, ob als Liebesbeziehung oder in Freundschaften.

Da Zwillinge aber insgesamt sehr gesellige Typen sind (sie sind quasi die Joker des Tierkreises), kommen sie mit nahezu allen anderen klar, sehr gerne auch mit den Feuerzeichen *Widder, Löwe* und *Schütze*, mit denen sie eine Menge Spaß haben können.

Was die Erdzeichen betrifft, da kenne ich auffallend viele Beziehungen zwischen einem *Zwillinge-* Mann und einer *Jungfrau-* Frau; umgekehrt fällt mir keine einzige ein- komisch, ne? Auch Freundschaften zwischen den beiden sind nicht selten. Wie die Zwillinge mit *Steinbock* und *Stier* auskommen, ist mir nicht bekannt. Aber diese Beziehungen dürften von Natur aus etwas unrund laufen.

Zu den Wasserzeichen fallen mir die auffallend häufigen Paarungen *Krebs-* Mann, *Zwillinge-* Frau ein. Das geht zur Hälfte gut, hier halten sich die "glücklichen" und die "glücklosen" Beziehungen die Waage. Wenn man die beiden zusammen sieht, hat man nicht unbedingt den Eindruck, dass sie wirklich gut zueinander passen. Je nach Einsatz kann's aber auch hier gut laufen.

Dann sind mir noch einige Zwillinge- Beziehungen mit *Skorpionen* und *Fischen* bekannt (welche ich nicht als sonderlich harmonisch empfinde), aber da liegt die Trennungsquote auch bei ungefähr 50%.

Es kann also gut gehen, muss aber nicht.

Krebs (22.Juni – 22.Juli)

(...und ein paar andere Gedanken)

Bei Begegnungen mit Krebsen fiel mir immer wieder auf, dass die Unterschiede zwischen Männern und Frauen kaum größer sein können - zumindest, was ihre Anziehungskraft auf mich betrifft. Im Gegensatz zu den Zwillingen entwickelten sich im Lauf meines Lebens fast ausschließlich freundschaftliche Bande mit den Mädchen, nur ausnahmsweise mit Jungs.

Mit uns, den Krebsinnen und mir, prallen stets zwei Welten aufeinander – gegensätzlicher können Frauen kaum sein, als bei den Feuerzeichen und den Wasserzeichen. Klingt irgendwie auch schon so.
Während die Krebsmädchen fast ausnahmslos die Personifizierung des "Femininen" waren – sehr oft sehr hübsch und lieblich, sehr beliebt bei den Jungs und häufig der Grund für ihre schlaflosen Nächte - , erhielten sie doch selten den RESPEKT, den die Frauen vom Schlag einer

Maggie Thatcher oder Calamity Jane beim Gegenüber erzeugen. Sie wären mit ihrer zurückhaltenden und jeglicher Aggressivität abgeneigten Art eine Fehlbesetzung für Pippi Langstrumpf gewesen. Eher noch hätten sie Annika verkörpern können, die sich so manches Mal nur seufzend ergeben konnte und getreu alles mitmachte, was auf Pippis Mist gewachsen war.

Dadurch, dass sie höchst selten die verwegenen "Auf-die-Barrikaden-Geherinnen" sind, werden sie gerne ausgenutzt, doch statt den Ausnutzern unmissverständlich die Grenzen aufzuzeigen, leiden sie unter ihrem Kummer. So wie sie das Herz der Menschen mit Liebe erfüllen können, brauchen sie manchmal von anderen eine tatkräftige Unterstützung bei der Wahrung ihrer Grenzen.

Sie sind ganz klar Anführerinnen in der Riege der Bemutterer; sie neigen dazu, ihre Lieblingsmenschen zu verzärteln, was auf der anderen Seite gerne so gedeutet wird, dass man sich immer bedienen lassen kann, selbst aber nichts machen muss- übernehmen doch SIE schon alles.

Krebs-Frauen sind aufgrund ihrer großen Bereitschaft, dem Gegenüber liebevolle Fürsorge angedeihen zu lassen (was gerne mal am Rande der Selbstaufgabe entlang schrammt), darauf angewiesen, dass man sorgsam mit ihnen umgeht, dass man ihre (wie ich glaube, vermeintliche) Schutzlosigkeit eben nicht schamlos ausnutzt.

Sie sind die warmherzigsten, friedlichsten Freundinnen, die man sich denken kann. Niemals kämen sie auf die Idee, jemanden bewusst zu kränken oder zu verletzen, denn sie sind die anerkannten Florence Nightingales dieser Welt (auch wenn diese eine Stier- Geborene war), was auch dadurch unterstrichen wird, dass sie auffallend häufig in sozialen Tätigkeitsfeldern zu finden sind.

Hinterhältig und gemein dürften auch hier nur die krass verkorksten Vertreterinnen dieses Zeichens sein. Im Moment fallen mir nur zwei unter den Krebs- Damen ein, was einen echt guten Schnitt darstellt.

Das Wenige, was ich von den Männern dieses Zeichens aufgenommen habe, ist, dass man sich kaum hingebungsvollere Väter vorstellen kann. Der erste Mann auf Erden, der je eine Windel gewechselt hat, ohne ein Trara zu veranstalten oder 1000mal dafür gelobt werden zu wollen, war sicher ein Krebs. So ein tolles Exemplar haben wir sogar in unserer Familie... allerdings angeheiratet. Macht nichts, trotzdem toll.

Auch gibt es, wie ich finde, keinen sensibleren Charakterdarsteller in der Filmbranche als den Krebs-Mann, wobei mir sofort Tom Hanks, Robin Williams, Charles Laughton, Chris Cooper und Toby Mc Guire einfallen. Kaum ein anderer Schauspieler hat mich je so tief berührt mit seiner Schauspielkunst, wie diese Glorreichen Fünf.

Krebse haben überhaupt sehr häufig eine Affinität zur Kunst, sei es als Buchautor, Philosoph, Musiker, Mime oder Maler. Sie sind – Männer wie Frauen – die Schöngeister des Tierkreises; sie haben das tiefe Bedürfnis, die Welt in einen friedlicheren, schöneren Ort zu verwandeln und arbeiten mit Inbrunst daran.

Ein Typ, der nur um sich selbst kreist, nur rafft und- materiell wie immateriell- nicht teilen möchte, ist mir als Krebs nur einmal über den Weg gelaufen.

Beleuchten wir die andere Seite:

Sir Peter Ustinov schrieb einst (sinngemäß) über seinen Schauspielkollegen Charles Laughton (01.07.), entweder war dieser beleidigt oder er stand in Erwartung, von jemandem beleidigt zu werden.

Das war vermutlich keine angenehme Arbeitsatmosphäre.

Vor langer Zeit las ich etwas, das mir aus verschiedenen Gründen in Erinnerung geblieben ist: "Der Krebs ist die beleidigte Leberwurst des Tierkreises".

Das klingt nicht nett, doch wenn's tatsächlich so wäre, ist es auch nicht schön, seinen Mitmenschen andauernd mit einer eingeschnappten Haltung auf den Keks zu gehen. Oft ist für niemand anderen nachvollziehbar, was da eigentlich vorgefallen war.

Ich kannte mal einen 1.7., der es geschafft hatte, die ganze Zeit auf einer an sich fröhlichen Geburtstagfeier zu Boden zu kucken. Auf freundliche Anteilnahme reagierte er immer nur unwillig und den Kopf schüttelnd. Stun- den- lang hielt er das durch. Er war ein fleischgewordener Vorwurf (worum es eigentlich ging, war allen ein Rätsel), aber gottseidank war dies eine Ausnahme- wenn auch eine krasse.

Hier, wie so oft, entscheidet der Grad der emotionalen Intelligenz darüber, ob ein Mensch – gleich welchen Tierkreiszeichens – so ein seltsames (und ganz klar manipulierendes) Verhalten an den Tag legt oder eher nicht.

Es stimmt schon: eh' man sich's versieht, hat man einem empfindlichen Krebs auf die Scheren getreten, oft ohne zu ahnen, was man da eigentlich -und womit genau- angerichtet hat. Hier wird deutlich, dass es in jedem Fall lohnt, immer mal seine Einfühlungsgabe zu checken, sowohl hüben, als auch drüben.

MERKE: nur sprechenden Menschen kann geholfen werden!

Unterm Strich möchte ich festhalten: für einen so ganz anderen Menschen wie mich ist der Umgang mit Krebsen (vor allem im fortgeschrittenen Alter) eine angenehme Herausforderung, eine spannende Ergänzung und immer eine Bereicherung.

Für Eure Zuneigung und Geduld habt Dank!

Der Planet- Pate des Krebses ist der Mond. Er steht für die Fruchtbarkeit und den Gefühlshaushalt. Kein Wunder, dass unser Krebs so sensibel ist...

Wer passt wie zum Krebs?

Wie alle Sternbilder bevorzugen auch die Krebse die Gegenwart ihrer Elemente- Kollegen, die der *Fische* und des *Skorpions*. Hier sind Mentalität und Kommunikation gerne mal sehr ähnlich. Eine Frage könnte allerdings lauten, wer sich hier an wen anlehnen darf.

Diese Frage wäre mit den Erdzeichen *Stier, Jungfrau* und *Steinbock* recht schnell beantwortet, drei Zeichen, zu denen sich ein waschechter Krebs sehr hingezogen fühlt. Die (im positiven Sinne zu verstehende!) aufweichende, unterspülende, auflösende Wirkung des Wassers hilft den Erdzeichen, sich ein bisschen locker zu machen und die sanfte Seite an sich zu entdecken, was ihnen allen ausgezeichnet zu Gesicht stünde. Der zarte Krebs profitiert seinerseits von der oft etwas hölzernen Grundkonstruktion der Erdzeichen, die ihm den Halt geben kann, den er sich oft für sich wünscht. Solche Verbindungen können toll werden!

Was die Luftzeichen (*Zwillinge, Waage* und *Wassermann*) und die Feuerzeichen (*Widder, Löwe* und *Schütze*) betrifft, so kann hier der Aszendent beeinflussen, ob sich der Krebs zu ihnen hingezogen fühlt. Bei meiner Freundin Petra ist dies die Waage, die erklärt, warum sie mit vergleichsweise vielen Widdern und immer wieder Wassermännern zusammenkam und gerne zusammen ist. Wenn tiefe Gefühle im Spiel sind, können sich diese unterschiedlichen Beiden an den angenehmen und bereichernden Ergänzungen laben. Sind sie aufgrund mangelnder Pflege eingegangen, bleibt nicht mehr viel übrig, auf dem man aufbauen kann.

Hier möchte ich einen meiner momentanen Lieblings-Sprüche (von Otto Flake) zum Besten geben:
"Liebe ist die Entscheidung, das Ganze eines Menschen zu bejahen. Die Einzelheiten mögen sein, wie sie wollen."

Löwe (23.Juli - 23.August)

(...und ein paar andere Gedanken)

Warum dieser afrikanischen Großkatze der Name "König der Tiere" umgehängt wird wie ein Hermelinmantel, leuchtet mir nicht so recht ein. Wenn schon diese Form der Anerkennung, dann müsste sie eher den weiblichen Vertretern zuteil werden; wie jeder Grzimek- Fan weiß, sind die Löwinnen für die Jagd, somit für die Ernährung zuständig. Es ist jedoch der langmähnige Zeckenzüchter, der zuerst seine Zähne in das Gnu schlagen darf, was den Schluss nahe legt, dass die Damen die Grundzüge der Emanzipation nicht recht kapiert haben (das war jetzt natürlich nicht ernst gemeint...).

Und tatsächlich gibt es auch unter den Löwe- geborenen Frauen nicht nur solche, die ein weithin hörbares Tamtam veranstalten (gerade so wie ihre männlichen Pendants), sondern auch solche, die von schwer verständlicher Unterwürfigkeit sind. Was uns wieder einmal zeigt, dass es nix taugt, alle Leute eines Tierkreiszeichens über einen Kamm zu scheren.

Vielleicht ist der Schlüssel hierzu folgender bemerkenswerter Spruch eines Mannes, dessen Name mir gerade nicht einfällt; er sagte: „Ein Mann kann mit jeder Frau glücklich werden – solange er sie nicht liebt".

Angewendet auf die Frauen, resultiert diese Unterwürfigkeit vielleicht aus "zu großer", unerwiderter oder auch "falsch verstandener" Liebe…

Dass Verliebtheit die Handlungen in eine weitgehend irrationale Richtung lenkt, ist hinlänglich bekannt. Das Blöde daran: bei jeder Verliebtheit fängt die Chose von vorne an; selbst schlimme Erfahrungen helfen uns offenbar nicht, Dinge in Zukunft anders zu machen.

Viele Frauen neigen zu dem Irrglauben, Männer in wesentlichen Zügen verändern zu können; einer der vielen Gründe, warum sie immer und immer wieder von vorn beginnen.

Andererseits sind mir Löwinnen begegnet, die es auf keinen Fall dulden, dass man sie übersieht oder gar "unzureichend würdigt" – wobei das Maß des Zuviel oder Zuwenig stets im gestrengen Auge der Löwin liegt. Was der einen an Huldigung ausreicht, ist der anderen ein Affront, der sofort geahndet wird (wirkt übrigens auch stark im Aszendenten!).

Ähnlich geht es den meisten der vielen männlichen Löwen, die meinen Weg gekreuzt haben – Nichtachtung ist ein No-Go für dieses strahlendste aller Sonnenzeichen! Der Hunger nach Aufmerksamkeit nimmt bei männlichen wie weiblichen Löwen manchmal geradezu groteske Züge an (Michi, Du bist damit allerdings nicht gemeint!), sodass mir schon öfter in den Sinn kam, dass das jetzt unmöglich sein/ ihr Ernst sein kann. Es empfiehlt sich jedoch, solche

Zweifel tunlichst für sich zu behalten, denn diesbezüglich versteht weder der Mann, noch die Frau Spaß.

Mir fiel immer wieder auf, dass bei allem Getue um sein Ego ein Löwe- Mensch zwar viel Wellenschlag veranstaltet (typisch für Feuerzeichen), in der Regel jedoch voller Wohlwollen und Freundlichkeit, Treue und dem Bedürfnis ist, seinen Lieben beizustehen. So viel Gebrüll sie auch veranstalten, unversöhnlich oder rachsüchtig sind sie nach meiner Erfahrung nicht; diese Eigenarten fand ich woanders in rauen Mengen, nicht aber beim Löwen.

Den meisten Löwen wohnt eine Größe inne, die sie – bei aller Eitelkeit und Selbstbeweihräucherung – zu einem guten Verlierer macht und die es ihnen ermöglicht, allen Menschen (die ihnen angenehm sind) von Herzen Erfolg und alles Gute zu wünschen – oft sogar, ohne gönnerhaft zu wirken.

Wittern sie Ungerechtigkeit, sind sie starke Kämpfer, die sich für das Gute ins Getümmel stürzen und den weniger Glücklichen zur Seite stehen.

Ein offenes Gespräch ist ihnen sehr viel lieber als alles Hintenrum- Getue; man weiß, woran man bei ihnen ist und kann in der Regel darauf bauen, dass sie zu den klarsten und wahrhaftigsten Menschen gehören. Sie haben eine innere Stabilität, die sie befähigt, selbst aufrichtig zu sein und die Aufrichtigkeit auch bei den Anderen zu würdigen – sogar, wenn es hier und da mal weniger gemütlich zugeht.

Genau das ist es, was ich – neben anderem – sehr an ihnen schätze; selbst wenn man nicht einer Meinung mit einem Löwen ist, muss man bei ihnen nicht befürchten, in Kürze irgendwo ein Messer stecken zu haben. Das müsste man eher bei ... anderen.

Hier wie überall gibt es natürlich auch die Exemplare, welche mit sehr viel weniger Gaben auskommen müssen, als der "Durchschnittslöwe".

Naturgemäß ist der Umgang mit den weniger verwöhnten Löwe- Menschen auch nicht so erquicklich wie mit den normalen Strahlemännern und -frauen. Und nicht selten sind diese weniger Glücklichen eben auch zickiger, nerviger und "hintenrummer". Sie sind mir aber nur höchst ausnahmsweise über den Weg gelaufen; im Normalfall verfügt der Löwe über Rückgrat, Kampfgeist, Charme, Hilfsbereitschaft, Gerechtigkeitssinn und Humor.

Sind diese Eigenschaften gut ausgeprägt, hat man mit dem Löwe- Menschen einen starken Kameraden an seiner Seite, der allerdings selbst oft erst lernen muss, dass auch er sich gerne mal anlehnen und/oder Hilfe annehmen darf- für den seltenen Fall, dass er's mal braucht. Sein Einsatzwille und seine überbordende Energie lassen ihn das oft vergessen.

Die Bezeichnung "Partylöwe" kommt wahrscheinlich nicht von ungefähr, denn im Normalfall gehört der Löwe- Mensch zu den geselligen Typen, die keine Probleme haben, mit anderen ins Gespräch zu kommen und ihnen das Gefühl zu geben, einen schönen Abend zu verleben.

Zuweilen mag ihre Lautstärke und Präsenz Raum füllend sein und gespeist von dem Bedürfnis, wahrgenommen zu werden; hier entscheidet am besten die eigene Tagesform, wie man damit umgeht.

Hat der Löwe gerade kein gesteigertes Bedürfnis, den Ententrainer zu geben, kann man sich auch wunderbar allein mit ihm unterhalten, sollte allerdings nicht aus den Augen verlieren, dass man nicht dauernd von sich oder anderen redet - wahrgenommen werden will der Löwe auch in kleiner Runde. Hier empfiehlt es sich, den Löwen zu fesseln, beispielsweise mit spannenden Beiträgen, die man durch ausreichend Sympathiebekundungen in eine unwiderstehliche Form bringt. Sei also keinesfalls langatmig, weinerlich, egozentrisch oder unaufmerksam, sondern hau' soviel Charme und Esprit raus, wie es nur geht, dann hast Du in deinem Löwe- Gegenüber auf jeden Fall einen begeisterungsfähigen, aufgeschlossenen und Dir zugeneigten Gesprächspartner. Meistens lohnt sich das.

Viele Löwen, die mir begegnet sind, verfügen über einen aufgeräumten Geist und Organisationstalent. Durch ihre naturgegebene Kühnheit eignen sie sich ausgezeichnet für den Einsatz an "vorderster Front" und haben eine ausgeprägte Begabung, Menschen anzuleiten und Projekte an gefährlichen Klippen vorbei zu manövrieren.

Löwen, die sich weitgehend im grünen Bereich befinden, geben gute Chefs ab- wenn ihre lautstarken Gefühlsausbrüche einem auch manchmal auf den Geist gehen können. Zumeist sind diese Donnerwetter von kurzer Dauer, werden aber nicht von allen Betroffenen gleichermaßen gut verkraftet. Hier sollte man Schutzstrategien entwickeln und sich in Gelassenheit üben. Den Löwen darauf anzusprechen, ist aber immer einen Versuch wert.

Man kann auf der Welt nicht alles haben, aber nach meiner Erfahrung verteilen Löwen schon eine ganze Menge Gutes unter den Menschen und streuen großzügig Glitzer drauf.

Danke, Ihr Lieben!

Der Löwe gehört zur Sonne, die selbstredend für die Lebenskraft steht und für das Licht. Das kann man, im übertragenen Sinn, gut bei Löwe- Geborenen wahrnehmen.

Wer passt wie zum Löwen?

Löwe- Menschen fühlen sich sehr von ihren Feuer- Kollegen *Widder* und *Schütze* angezogen. Ganz oft sah ich aber auch ihre starke Affinität zu den Luftzeichen *Waage* und nicht viel seltener zu *Wassermännern*. Hier und da sind sie auch in Gesellschaft von *Zwillingen* zu finden.
Wenn sie sich mit *Krebs*, *Skorpion* oder *Fischen* zusammentun, endet das nach meiner Erfahrung meistens nicht so toll, hin und wieder aber reicht's für's Leben, je nach Gesamtsituation und danach, ob sie sich einigen können, an einem Strang zu ziehen, statt sich (kommt auch öfter vor) Knüppel zwischen die Füße zu werfen.
Mit Erdzeichen wiederum- *Stier*, *Jungfrau* und *Steinbock*- haben die meisten Löwen nicht viel am Deckel- sie ziehen einander üblicherweise nicht an und / oder gehen sich automatisch aus dem Weg. Bis auf einige Beziehungen zwischen einem Löwe- Mann und einer *Steinbock*- Frau (die meistens nicht sehr harmonisch wirken, sondern irgendwie eher im Clinch zu liegen scheinen), sind mir kaum Beziehungen bekannt zwischen einem Löwen und einem Erdzeichen.

Jungfrau (24.August - 23.September)

(...und noch ein paar andere Themen)

Nun hab' ich mich lange genug davor gedrückt, über meine Erfahrungen mit Jungfrau- Geborenen zu schreiben. Wie alles im Leben hat auch dies seine Ursache: meine frühesten und zum Teil traumatischen Erlebnisse mit meiner ersten Jungfrau ever.

Inwieweit ich in der Lage sein werde, das Thema Jungfrau einigermaßen rational anzugehen, weiß ich noch nicht, aber ich werde mir auf jeden Fall Mühe geben.

Zunächst einmal habe ich Jungfrau- geborene Menschen fast immer als zurückhaltend erlebt; sie sind kein "Hans Dampf in allen Gassen" und nur sehr selten Wortführer einer Gruppe. Diese Zurückhaltung fußt nach meiner immer wieder erneuerten Erfahrung darauf, dass sich Jungfrauen nur äußerst ungern in die Karten schauen lassen- sie haben etwas Geheimniskrämerisches an sich, und sie gewähren nur sehr wenigen Auserwählten einen Einblick in ihr

Seelenleben- falls überhaupt jemandem, denn Jungfrau-geborene Menschen sind sehr misstrauisch.

Die größten Schwierigkeiten haben Jungfrauen auffallend häufig mit sich selber, vermutlich sind sie deshalb meist nicht sonderlich gesellig. Jungfrauen gehören zu den Menschen, die viel Zeit mit sich allein verbringen.

Oft habe ich erlebt, dass der Mangel an einem positiven Selbstbild dazu führt, dass Jungfrauen im Kontakte knüpfen nicht so geübt sind- eher lassen sie sich entdecken, als zu riskieren, dass jemand ihr Interesse wahrnimmt. Sie möchten sich unter keinen Umständen eine Blöße geben, und Interesse an jemandem bekunden oder gar ein persönliches Lob aussprechen, ist für sie anscheinend genau das.

Dieses oft kryptische Verhalten einer Jungfrau führt häufig dazu, dass sie sich unverstanden fühlt, was ebenso häufig auf der Hand liegt. Mir sind immer wieder Jungfrauen begegnet, die, statt sich klar auszudrücken, lieber dem anderen den Vorwurf machen, sie "ja gar nicht zu verstehen". Dieses Verhalten hab' ich nie kapiert, denn die Kommunikation wird dadurch nicht gerade einfacher.

Wenn sich eine Jungfrau über etwas ärgert, sollte man lieber nicht erwarten, dass sie von sich aus – und auch noch zeitnah- das Thema anspricht. Näher liegend ist es, dass sie unzugänglich wird, ihren Frust sammelt, und dann manchmal sogar- irgendwann und unvermittelt- vor Wut platzt. Das ist seltsam und ich verstehe es nicht, aber ich habe es immer wieder erlebt.

Dass Jungfrauen kritisch sind, steht in allen mir bekannten Astrologie- Büchern; dass sie aber, vor allem durch ihre Unzufriedenheit mit sich selbst, auch anderen gegenüber zum Dauer- Kritteln neigen, konnte ich bisher nirgends finden. Wir (vor allem Frauen) kennen es zu gut: die Kritik an uns selbst ist meistens die gnadenloseste, und -so eingestimmt- gehen wir manchmal mit anderen auch nicht gerade zimperlich um. Das hört leider so lange nicht auf, wie unser Selbstwertgefühl am Stock geht.

Eine in sich ruhende, im großen und ganzen zufriedene, wenn nicht gar weitherzige Jungfrau ist mir nur dreimal über den Weg gelaufen, wofür ich sehr dankbar bin, denn es beweist, dass es sie GIBT!

So ungern Jungfrauen sich über ihre eigenen Befindlichkeiten auslassen, so aktiv und ausdauernd können sie über alle möglichen Themen diskutieren. Oft sind sie es, mit denen man gut eine ganze Nacht durchquatschen kann... wenn man dazu Lust und ausreichend Puste hat. Die braucht man nämlich, denn (vor allem weibliche) Jungfrauen können sich prima in Themen festbeißen, und das kann dauern. In einer Diskussion geben sie sich üblicherweise mit oberflächlichen Betrachtungen nicht zufrieden, alles muss näher beleuchtet werden. Diese Gründlichkeit kann durchaus anstrengend sein.

Zum Thema Ordnungsliebe fallen mir zwei verschiedene Typen ein: die einen sind völlig chaotisch und haben größte Schwierigkeiten, eine stabile Ordnung in ihrem Leben zu schaffen, so also auch in ihrer Wohnung (das schließt ebenfalls ihre Pünktlichkeit mit ein), und die anderen neigen dazu, alles super- ordentlich aufzuräumen; Ordnung gehört, wie ich festgestellt habe, eigentlich zu ihren tiefsten Grundbedürfnissen (wie auch Verlässlichkeit und Pünktlichkeit). An sich brauchen es die Jungfrauen, dass alles an seinem Platz ist, nur schaffen es die einen, ein Ordnungssystem zu entwickeln und die anderen eben nicht.

Bei allen, mir schwer verständlichen und unbequemen Eigenarten der Jungfrau gibt es aber – was ich dann im Erwachsenenalter erfahren durfte – tatsächlich auch grundlos freundliche, liebvolle, offene, unterstützende, friedfertige, treue, humorvolle, verlässliche Jungfrauen, die von all dem, was ich in meiner frühen Jugend als "der Jungfrau zugehörig" erachtet hatte, auf den 1. und 2. Blick nichts aufweisen.

Gute Erfahrungen mit einer Jungfrau machte ich auch in einer fünf Jahre dauernden Beziehung mit einem freundlichen, unterstützenden Jungmann, was mich zuweilen heute noch Dankbarkeit fühlen lässt.

Ich stellte immer wieder fest, dass sowohl männliche als auch weibliche Jungfrauen nervlich nicht sehr belastbar sind. "Stoische Ruhe", "Nerven wie Drahtseile", "Stressresistenz" – diese Eigenschaften findet man sehr selten bei einer Jungfrau. Beide – Männer wie Frauen – haben deshalb oft etwas von einer Drama- Queen. Ein flüchtiges Verlassen ihrer Komfortzone stellt sie vor große Probleme; Improvisation ist nicht ihre Stärke. Sie sind leicht zu verunsichern (was sich hier und da in astreiner Zickigkeit äußert), denn sie haben nicht ansatzweise das strahlende Selbstbild eines – beispielsweise – typischen Löwen. Sie stehen mit ihrer Selbstachtung sehr häufig auf Kriegsfuß, was ihre friedlichen Absichten anderen Menschen gegenüber gerne mal aushebelt.

Gibt ihr liebevolles Gegenüber einer gebeutelten Jungfrau jedoch langfristig (unter Umständen seeehr langfristig…) das Gefühl des Angenommenseins und der Sicherheit, sodass sie vielleicht sogar so etwas wie Vertrauen entwickelt, kann auch eine, mit sich selbst im Clinch liegende Jungfrau heilen und ihre liebenswürdigen, großzügigen Anteile stärken. Dadurch könnte es ihr viel besser gelingen, auch andere so gelten lassen kann, wie sie sind. Was ihr von Herzen zu wünschen ist.

Zusammen mit dem Zwilling wird die Jungfrau dem Merkur zugeordnet, der für Verstand und Kommunikation steht. Vielleicht werden Jungfrauen deshalb so häufig Lehrer...

Wer passt wie zur Jungfrau?

Jungfrauen fühlen sich am ehesten angezogen von den anderen Erdzeichen, *Stier* und *Steinbock*, aber auch nicht selten von einer anderen *Jungfrau*. Hier kommen die wenigsten Verständigungsprobleme zum Tragen und man funkt gerne mal auf einer Wellenlänge. Diese Beziehungen sind oft von solider Bauart.

Auch mit den Wasserzeichen sind die Jungfrauen gern zusammen; dass sie sich mit *Krebsen, Skorpionen* und *Fischen* sehr gut vertragen, ist nicht ungewöhnlich.

Nur selten verbringt eine Jungfrau ihr Leben mit einem *Widder, Löwen* oder *Schützen*. Die Erdzeichen und die Feuerzeichen haben sich von Natur aus nicht allzu viel zu sagen und sind nur selten attraktiv füreinander.

So ähnlich sieht es auch mit den Luftzeichen aus; ein Erdzeichen hat oft wenig Verständnis für den vermeintlichen Leichtsinn, die Unverbindlichkeit und die gefühlte Oberflächlichkeit eines *Wassermanns* oder einer *Waage*. Hier liegen von vornherein Verständigungsprobleme auf dem gemeinsamen Weg, die nur selten erfolgreich ausgeräumt werden.

Es gibt aber das, bereits im Zwillinge- Kapitel erwähnte interessante Phänomen, dass *Zwillinge-* Männer und Jungfrau- Frauen sich auffallend häufig zusammentun (mir fallen auf Anhieb fünf! Paare aus meiner Umgebung ein), umgekehrt aber eher selten (hier fällt mir kein einziges ein). Es tut scheinbar beiden gut, zusammen zu sein, denn diese Beziehungen wirken insgesamt recht harmonisch.

Waage (24.September – 23.Oktober)

(...und ein paar andere Gedanken)

Das Kapitel Waage- Geborene ist für mich ein ähnlich vermintes Gelände wie das Kapitel Jungfrau- Geborene. Auch an Waage- Menschen nehme ich vorwiegend eine große Diskrepanz wahr zwischen Schein und Sein.

Die meisten Waage- Geborenen, die mir im Leben begegnet sind, zeichnet vor allem (allerdings besser getarntes) großes Misstrauen aus. Nach meiner Erfahrung fußt dieses Misstrauen auf ausgeprägter innerer Unsicherheit, was ein tiefer gehendes Kennenlernen quasi verunmöglicht. Deshalb bilde ich mir auch nicht ein, eine Waage jemals wirklich gut kennen gelernt zu haben. Dieses Kapitel basiert vorwiegend auf Vermutungen und Empfindungen, weshalb ich bitten möchte, nichts allzu ernst zu sehen; handfeste Beweise muss ich schuldig bleiben.

Auf den ersten Blick wirken Waagegeborene gerne, als stünden sie über allem. Mit dem zweiten Blick könnte man auf den Gedanken kommen, dass ihre Hauptmotivation im

Leben die Angst ist, was ihr- wie ich es hier und da empfinde- elastisches Verhältnis zur Wahrhaftigkeit und ihre Schwierigkeit, sich zu entscheiden erklären würde.

Nach meiner Erfahrung strebt jeder Mensch, der zutiefst verunsichert oder verängstigt ist, danach, diese Gefühle möglichst gut vor der Umwelt zu verbergen – egal, *an welchem Tag des Jahres* er geboren wurde. Die Waage-Menschen verbringen also viel Zeit damit, etwas durchaus Übliches, Normales zu tun, nämlich eine Tarnkappe zu tragen.

Angeblich sind sie Diplomatie-Wunder, ich vermute jedoch, in vielen Fällen hängen ihre "diplomatischen" Fähigkeiten damit zusammen, dass sie Probleme haben, eine klare Position einzunehmen, bei dieser auch zu bleiben und sie gegebenenfalls zu verteidigen, solange sie von ihrer Richtigkeit überzeugt sind. Mir fällt aber eine sehr angenehme Waage- Frau ein, die durch ihre (von mir als echt empfundenen) diplomatischen Fähigkeiten und ihre Klugheit eine stark deeskalierende Wirkung auf ihr Umfeld ausübt, was schon manches Mal Wunder gewirkt hat (schönen Gruß an B. P. aus N.- O.!).

Waage- Menschen sind, was ich bisher so gesehen habe, häufig mit einem dünnem Nervenfell ausgestattet, sodass sie leicht die Geduld verlieren, ein (gern auch mal passiv-aggressives) Tamtam veranstalten, allerdings ebenso oft in erstaunlicher Geschwindigkeit wieder zurückrudern. Wenn man sie mit etwas konfrontiert, womit sie – gerne nach jahrelanger Selbstverleugnung (sie sind routinierte Verdränger) – überhaupt nicht zurechtkommen (vor allem, wenn es sie vermeintlich entlarvt), kriegen sie schnell Hektikflecken und werden laut. An sich vermeiden sie sehr sorgfältig derlei Ausfälle (um den ersten Blick zu stärken, der vermuten lässt, sie stünden über allem), aber diese

Patina ist nach meiner Erfahrung sehr schnell abgekratzt und ihre Unsicherheit kommt zum Vorschein.

Noch bin ich nicht dahinter gestiegen, warum sie oft so akribisch an einem derart bröckeligen Fundament arbeiten, statt gleich einem stabilen Baustoff den Vorzug zu geben – z.B. gesundes Selbstwertgefühl-, aber vielleicht verstehe ich es ja eines schönen Sommertages.

Dass ein Waage- Mensch auch auf den 2. und 3. Blick selbstsicher und stabil wirkt, habe ich nur ausnahmsweise erlebt. Mir sind Männer und Frauen begegnet, die in unglaublicher Weise die Kunst der Mimikry beherrschen; sie sind die Meister der Tarnung, und wenn sie das Gesamtpaket geschickt herrichten, nimmt man ihnen (zumindest für eine Weile) alle möglichen Rollen ab. Hier möchte ich zur Vorsicht raten: Verlasse Dich nicht ZU sehr auf eine Waage. Ihre zahlreichen, zweifellos angenehmen Wesenszüge sind nur insoweit verlässlich, wie es ihre Unsicherheit und ihr Wankelmut zulassen. Und damit schlagen sich leider viele Waagen herum.

An Waage- Menschen fiel mir immer wieder auf, dass sie häufig ein ausgeprägtes Bedürfnis nach Edelklamotten haben (nebst allem anderen, was das Ego aufwerten könnte) und damit ihrem tief sitzenden und verständlichen Wunsch Ausdruck verleihen, ge-, bzw. be- achtet zu werden.

Wie hart sie im einzelnen daran arbeiten, lässig und entspannt zu wirken, kann ich nicht ermessen, bei einigen sieht es jedoch nach einem Fulltimejob aus.

Den typischen "Charme der Waagemenschen" hab ich längst nicht so häufig wahrgenommen, wie er in ungefähr jedem Astrologiebuch, das ich gelesen habe, explizit Erwähnung findet. Er stellt sich nur ein, wenn sie sich ausgeglichen fühlen, was leider nicht sooo häufig der Fall ist.

Was ich allerdings rundweg bestätigen kann, sind ihre ausgezeichneten Gastgeber-Qualitäten. Sie verstehen es wie kaum ein anderer, ihren zahlreichen Gästen eine Wohlfühlatmosphäre zu bereiten. In einer solchen Situation stellt sich durchaus auch ihr Charme ein, der nach meiner Erfahrung jedoch unverbindlich bleibt. Unverbindlichkeit ist ihr bevorzugtes Instrumentarium, aber das reicht ja auch in vielen Situationen aus.

Eine echte, leidenschaftliche, aus den Tiefen der Vogesen kommende Emotion entringt sich nur selten ihrer Seele, und so wirken Waage- Menschen auf mich häufig innerlich einsam, so, als hätten sie keine nennenswerten Bindungen.

Das, ich möchte es hier noch einmal erwähnen, liegt mit Sicherheit auch an mir; Menschen, die mich im Inneren nicht berühren, bekommen auch von mir keine, aus den Tiefen der Vogesen kommende Emotion zu sehen. Das bleibt vermutlich nur unseren engsten Seelenverwandten und geliebten Freunden vorbehalten.

Eine offene, liebevolle, tiefe, alltagstaugliche, von großem Vertrauen erfüllte Freundschaft mit einem Waage- Menschen hat sich bisher in meinem Leben höchstens einmal entwickelt. Ma' kucken, was noch so geht...

Fast allen mir bekannten Vertretern dieses Tierkreiszeichens haftet das elementare Bedürfnis nach Frieden an. Vermutlich nicht von ungefähr war eine unserer personifizierten Friedenstauben ein Waage- Mensch: Mahatma Gandhi.

Diese Sehnsucht nach Frieden und Harmonie macht sie für eine brauchbare Auseinandersetzung oft unbrauchbar- viel lieber bezeichnet sich die Waage hier und da wohlwollend selbst als "Mensch, der nie streitet".

Hier möchte ich anfügen: mit *brauchbarer Auseinandersetzung* meine ich nicht, hemmungslos 'rumzukreischen, den anderen willentlich zu verletzen oder

Keramik durch die Gegend zu werfen. Mein Verständnis davon beinhaltet, in Frieden zu streiten und Andersartigkeit oder unterschiedliche Ansichten so zu behandeln, dass alle damit leben können. *Sich mit etwas befassen* halt, statt es zu ignorieren oder unter den Teppich zu kehren. Letzteres tun nach meiner Erfahrung viele Waage- Menschen sehr gerne, um den (häufig nur scheinbaren) Frieden zu wahren.

Die Waage ist das, dem Widder gegenüberliegende Sternzeichen und mein Wegbegleiter, mein Aszendent. Ob ich vorrangig die Zerrissenheit dieser gegensätzlichen Zeichen spüre oder die prima Ergänzung zu schätzen weiß, das hängt von meiner Tagesform ab. Ich habe beschlossen, mich an der Ergänzung zu freuen und sie als Bereicherung anzusehen.

Nicht unerwähnt lassen möchte ich, dass Waage-Geborene oft sehr hilfsbereite Menschen sind... solange sich's nicht um irgendetwas Emotionales dreht, kannst Du quasi immer mit ihnen rechnen. Auch verfügen sie sehr häufig über einen guten Geschmack und haben ein naturbegabtes Auge für Ästhetik. Wenn Du mal so gar nicht weißt, wie Du Dein Wohnzimmer apart einrichten sollst oder was für Klamotten Du Dir zulegen könntest für eine Hochzeit, einen 90. Geburtstag oder was auch immer, dann nimm am besten eine Waage mit zum Einkaufen- in den meisten Fällen wird sie Dich ausgezeichnet beraten.

Ach ja, und pack' mehr Kohle ein- exklusiver Geschmack hat seinen Preis.

Wie schon der Stier, so wird auch die Waage von dem Planeten Venus unter die Fittiche genommen. Die Venus (so heißt auch die römische Liebesgöttin) steht für Gemeinsamkeit, Genuss, Anmut, Schönheit und Harmonie. Na, da haben wir's ja :o)

Wer passt wie zur Waage?

Die Waage ist ein Luftzeichen und fühlt sich entsprechend von den anderen Luftzeichen angezogen, den *Zwillingen* und dem *Wassermann*.
Auch scheinen zwei *Waagen* gut miteinander auszukommen. Diese Paarungen sieht man oft und überall.
Die nächsten auf der Liste der anziehenden Typen sind die Feuerzeichen, vor allem und auffallend häufig der *Löwe* oder die *Löwin*. Mit *Schütze* oder *Widder* sah ich sie allerdings nur ausnahmsweise zusammen.
Mit den Erdzeichen *Stier, Jungfrau* und *Steinbock*, und den Wasserzeichen *Krebs, Skorpion* und *Fische* hat's die Waage nur ausnahmsweise... bis auf die bemerkenswert häufige Affinität zwischen dem Waage- Mann und der *Steinbock*- Frau. Obwohl das zumeist eine wenig harmonische Beziehung ist und sich beim Anblick der beiden selten das Gefühl einstellt, sie passten wirklich gut zueinander, ziehen sich diese beiden immer wieder an. Dieses Phänomen gehört für mich zu den großen Rätseln der astrologischen (oder auch anderen) Anziehungskraft.

Skorpion (24.Oktober – 22.November)

(...und ein paar andere Gedanken)

Während mich (in meiner Erinnerung) nur drei Skorpion-Männer jemals in milder Form für sich gewinnen, zumindest jedoch mein geneigtes Interesse wachrufen konnten (tu quoque, Andreas aus Detmold), waren es eher die Skorpion-Frauen, mit denen ich in die dollsten Gespräche verwickelt war. Keine, die nicht zumindest eine Herausforderung war!

Bei diesen dramatischen Frauen war immer wieder leicht erkennbar, wie irritierend es sein muss, in voller Kampfrüstung einen Kuss auf die Nase zu kriegen. Skorpionfrauen sind die Seeigel unter den Wasserzeichen, man tut gut daran, immer mal ein Auge zu riskieren, was ihre Stacheln so machen.

Nach meiner Erfahrung lassen sich Skorpion- Frauen erstaunlicherweise von ihren Männern oft viel zu viel gefallen. Sie veranstalten dann möglicherweise Dramen, lassen sich aber anschließend wiederum zuviel gefallen, denn sie haben, wie ihre männlichen Kollegen, einen Hang zum Masochismus. Das Dramatische an diesen Dramen ist, dass, wenn sie mit Leib und Seele lieben, sie sich immer und immer wieder zuviel gefallen lassen von ihren Heiopeis,

Hier drängt sich mir die Frage auf, warum leidenschaftliche Liebe so oft einhergeht mit vollkommener Aufhebung aller Selbstschutz- Mechanismen... so gesehen ist es nicht sehr praktisch, jemanden in rückhaltloser Liebe zugetan zu sein. So'n bisschen Rückhalt sollte ruhig noch zur Verfügung stehen.

Soweit ich das beurteilen kann, sind diese stachelbewehrten Drama- Queens äußerst inspirierende und kluge Gesprächspartnerinnen, denen ihrerseits die Vorliebe für inspirierende und kluge Gesprächspartner aus jeder Tracheenöffnung kuckt (ja, ich weiß, kuckt schreibt man eigentlich mit g, aber wer sagt schon "guckt"? Ich genne geinen...). Sie finden es toll, einer Herausforderung gegenüber zu sitzen, und es freut sie, wenn sie sehen, dass ihnen das Gegenüber ebenbürtig ist. 'Ne Nummer kleiner wäre keine ernsthafte Herausforderung, verschwindet also schnell unter der Rubrik "Lohntsichnicht".

Sowohl humorvolle, gesellige, als auch sehr ernste, einzelgängerische Skorpione sind mir im Leben begegnet, sodass mir nicht ganz klar ist, was davon eigentlich typischer sein soll. Die erste Fraktion ist munter, aufgeschlossen, umwerfend komisch, grundlos freundlich und hat einen interessanten und nicht zu kleinen Freundeskreis. Dennoch sind auch sie nicht selten in sich gekehrt und dann am liebsten mit sich selbst allein- besonders, wenn sie ihre grüblerischen Phasen haben oder ihnen die Welt verquer erscheint.

Die Einzelgänger unter den Skorpion- Damen mischen sich selten unter's Volk, versprühen ebenso selten Charme, sind sehr verschlossen, dadurch geheimnisvoll und oft sich selbst genug. Doch ob aufge- oder verschlossen- so richtig anvertrauen können sich die Damen nur höchst ausnahmsweise.

Was die männlichen Vertreter des Skorpions betrifft, so kann ich auf keinen Riesen- Erfahrungsschatz zurückgreifen. Ihr vorhandener, aber seltsamer Charme war für mich stets nur schwer dechiffrierbar (die zahlreichen Skorpion- Widder- Beziehungen bestehen nach meiner Kenntnis nahezu immer aus Skorpion- Frau und Widder- Mann). Es ist nicht einfach für uns, Gesprächsthemen zu finden (es sei denn, es geht um Gefühle) und einen richtig tollen Abend miteinander zu verbringen; Gespräche laufen oft etwas unrund (außer mit Robert oder Paul, da geht's immer "einfach so").

Skorpion- Männer sind nach meiner Erfahrung sehr emotionale Charaktere- zu allem Überfluss auch noch anlehnungsbedürftig (sie wären davon lieber weniger)-, was sie oft hinter viel (gern auch intellektuell angehauchtem) Reden zu verbergen versuchen. Was die emotionale Tiefe und die Verletzbarkeit betrifft, ist der Unterschied zwischen den Damen und Herren dieses Tierkreiszeichens nicht sooo groß.

Genau wie der Widder untersteht (oder unterstand?) der Skorpion dem Planeten Mars, der vermutlich nach dem römischen Kriegsgott benannt wurde. Beiden wohnt eine Riesenportion Leidenschaft inne, die sowohl segensreich als auch zerstörerisch sein kann (der Mars steht für Energie und Tatkraft, aber auch für Gewalt und Krieg). Kein Wunder, dass bei dieser (nicht seltenen) Verbindung reichlich Funken sprühen.

Einer anderen, "Welcher Planet gehört zu welchem Sternzeichen?"- Quelle zufolge wird der Skorpion dem Pluto zugeordnet; der wiederum steht für das Leben und den Tod zugleich (wozu mir im Moment die

Vorstellungskraft fehlt) und für ein Pulverfass, mit dem man es in personifizierter Form zu tun haben soll.
Das wiederum kann ich nachvollziehen.

Wer passt wie zum Skorpion?

Als Wasserzeichen sind Skorpione gern mit ihresgleichen zusammen, also mit dem *Krebs* und den *Fischen*. Sie haben, was ihre Emotionalität und Intuition betrifft, keine großen Verständigungsschwierigkeiten. Sie alle sind mit tiefen und noch tieferen Gefühlen ausgestattet, was sie auf ähnlicher Wellenlänge funken lässt. Was hier manchmal fehlen könnte, ist das Bodenständige, der Bezug zur Realität.
Zwei Skorpione hab ich als Paar bisher nicht erlebt.
Auf eine ganz andere Art anziehend sind für Skorpione die Erdzeichen *Stier, Jungfrau* und *Steinbock*. Hier können sie den Halt finden, nach dem sie sich eigentlich alle sehnen. Und hier finden sie die Erdung, die auch nicht ganz unwichtig ist. Dafür lockern sie ihre eher statischen Erdzeichen etwas auf und können für mehr Sensibilität im Alltag sorgen. Das sieht häufig gut aus.
Bis auf dieses Skorpion- Frau, *Widder-* Mann- Phänomen, haben Feuer- und Wasserzeichen nicht allzu viel Verbindendes; man sieht Skorpione nur sehr selten mit *Löwen* oder *Schützen* zusammen.
Die Luftzeichen *Zwillinge, Waage* und *Wassermann* sind einem waschechten Skorpion zu wenig emotional und verbindlich; diese Herrschaften ziehen sich nur ausnahmsweise an und müssten sehr viel Beziehungsarbeit leisten, damit da was Vernünftiges bei 'rauskommt.

Schütze (23.November – 21.Dezember)

(...und ein paar andere Gedanken)

Wie seine beiden Elemente- Kollegen Widder und Löwe gehört der Schütze dem Feuer an.

Wenn mir auch hin und wieder männliche wie weibliche Schützen begegnet sind, die sich mit den breit gefächerten Folgen der Schüchternheit herumschlagen, so sind diese Menschen doch zumeist von eher zutraulicher und selbstsicherer Natur, die sie öffnet, gesellig macht und nach außen gerichtet agieren lässt.

Vor allem bei den weiblichen Vertretern braucht in der Regel niemand zu befürchten, dass sie zum gesellschaftlichen Mauerblümchen werden; mit ihnen ins Gespräch zu kommen (und oft über viele Jahre zu bleiben) war für mich stets unkompliziert, wie selbstverständlich sozusagen.

Schütze- Frauen muten ihren Mitmenschen nicht zu, dass diese ihnen jede Äußerung aus der Nase ziehen müssen; sie kommunizieren selbst und können ihrem Gegenüber helfen, sich locker zu machen. Meist steuern sie mit spürbarem Selbstvertrauen auf andere Menschen zu. Dass sie auf 'ner Party nur bedröppelt in der Ecke hocken, passiert allerhöchstens mal, wenn sie gerade von akutem Kummer gebeutelt sind oder die Zusage schon Wochen vorher gegeben haben und den Gastgeber nicht kurzfristig hängen lassen möchten. Im Normalfall sind sie lebhafte, interessierte und oft lustige, offene, kreative und kluge Gesprächspartnerinnen von großer Anziehungskraft.

Wenn der Schütze- Mann gut mit sich klarkommt, steht er bezüglich Attraktivität, Beredsamkeit und Humor der Schütze- Frau in nichts nach.
Mir sind im Leben viele Menschen dieses Sternbildes begegnet, die ich anziehend fand, und umgekehrt; die schüchternsten aber und die von Unsicherheit gezeichneten (wobei der Grund von außen nie recht erkennbar war... wie so oft) waren fast ausschließlich männliche Vertreter.

Es kann vorkommen, dass Schütze- Männer von weniger sensiblen oder schlicht unaufmerksamen Menschen übersehen werden, einer Schütze- Frau dürfte das nur in den seltensten Fällen passieren- normalerweise ist sie weithin sicht- und hörbar! Sie gehört zu denen, die die Kunst beherrschen, Leben ins Leben zu bringen. An ihnen erkennt man leicht, dass die Schützen von extravertierter Natur sind, voller Tatendrang stecken, von Unternehmungs- und Reiselust erfüllt sind, und ihnen das Dasein sehr viel mehr Freude und Herausforderung bedeutet, als dass es ihnen Angst macht.
Was Schützen für mich sehr anziehend macht, ist ihr großes Bedürfnis nach Horizonterweiterung (vielleicht

reisen sie deshalb auch so gern), wodurch sie oft sehr interessante Gesprächspartner sind.

Unter den Feuerzeichen finden sich auffallend viele MotorradfahrerInnen, was ihre Abenteuerlust zum Ausdruck bringt (die interessanterweise oft auch den schüchternen Vertretern innewohnt...).

Da (wieder einmal vor allem die weiblichen) Schützen gern mit einem gerüttelt Maß Dominanz ausgestattet sind, bedarf es des geduldigen Langmuts, innerer Widerstandskraft und guter Nerven, sich nicht von ihnen auf der Nase herumtanzen zu lassen; ohne einen vernünftigen Arsch in der Hose kommst Du bei ihnen nicht weit.

Sie brauchen- auch in ihrer Partnerschaft- einen mindestens "Gleichstarken", der es ihnen immer wieder ermöglicht, sich daran zu erinnern, dass Respekt in einer Beziehung unabdingbar und ECHT WICHTIG ist; Opfertypen und Weichflöten sind für diese segensreiche Schöpfung keine Herausforderung.

Schütze- Geborene gehören nach meiner Erfahrung zu DEN angenehmen Zeitgenossen, die mit ausgeprägtem Bewusstsein, mit Klarheit durchs Leben zwitschern und die das Kind in sich, in egal welchem Alter, noch als gegenwärtig wahrnehmen. Sie bevorzugen das offene Gelände- auch in Beziehungen- und sind zumeist keine Verdränger. In der Regel können sie sich gut erinnern und mit ihren "Jugendsünden" echten Frieden schließen. Die stete Gegenwart ihrer Bewusstheit macht den Umgang mit ihnen so fruchtbar; nicht wenige Schützen, die meinen Weg gekreuzt haben, gehören zu den Menschen, die in beide Richtungen kritikfähig sind. Wie überaus angenehm!

Der Schütze wird dem Planeten Jupiter zugeordnet (der Gleichnamige ist auch der Chef bei den römischen Göttern). Der Jupiter gilt als Heilsbringer und steht für Großzügigkeit, Wohlwollen, Verständnis, Weisheit, Aufschwung, Entwicklung, Sinnsuche, positives Denken und schlicht das Glück.

Wen wundert's da noch...?

Wer passt wie zum Schützen?

Dass die Schützen gern und viel Zeit verbringen mit den anderen beiden Feuerzeichen *Widder* und *Löwe*, ist immer wieder zu sehen. Nicht selten sind sie voller Temperament und haben das bei ihrem Gegenüber ebenfalls gern.

Auch die Luftzeichen *Zwillinge, Waage* und vor allem *Wassermann* findet der Schütze spannend; hier sprühen oft die Funken der Kreativität und des Frohsinns.

Hin und wieder kommt es vor, dass Schütze- Frauen sich mit *Stier-* oder *Steinbock-* Männern zusammentun und somit eine schwierige, aber immer interessante und vor allem lehrreiche Beziehung führen. Nach Überwindung erster Schwierigkeiten kann daraus eine stabile und echt gute Verbindung werden. Wie es mit dem letzten Erdzeichen, der *Jungfrau*, aussieht, da fehlt mir leider gänzlich die Erfahrung.

Die Wasserzeichen *Krebs, Skorpion* und *Fische* schließlich sind für so einen extravertierten Menschen wie den Schützen oft etwas zu kryptisch, als dass er sich häufig zu ihnen hingezogen fühlt. Wo allerdings Verliebtheit im Spiel ist, da ist (zunächst einmal) alles möglich- hier wie überall.

Steinbock (22.Dezember - 20.Januar)

(...und ein paar andere Gedanken)

Steinböcke sind zähe Tiere, die in ungemütlicher Gegend herumklettern und mit wenig auskommen. Je länger ich mich für die Astrologie interessiere, desto einleuchtender scheinen mir die zugeordneten Tiere (oder Fabelwesen wie Waage, Jungfrau, Zwillinge, Schütze, Wassermann), denn wie sein "Totem aus dem Reich der Tiere" (Wabun und Sunbear: "Das Medizinrad; eine indianische Astrologie"), der Steinbock, braucht auch der unter diesem Zeichen Geborene sehr oft nur wenig, um im Leben klarzukommen. Damit meine ich nicht sein, in Sparen und Anhäufen von Kohle manifestiertes tiefes Sicherheitsbedürfnis. Hier geht's um Immaterielles, auf das der Steinbock oft gut verzichten kann.

Was Steinbock-Männer und -Frauen nach meiner Erfahrung gemeinsam haben, ist das "gut alleine sein können". So einen richtigen Partylöwen hab' ich unter den Steinböcken bisher nur einmal entdeckt. Von denen paar Dutzend, die meinen

Lebensweg gekreuzt haben, stand sonst keiner gern im Mittelpunkt des Interesses. Ausnahme – zumindest auf der Bühne: der unglaubliche MB... dann aber gleich krass!
Wenn auch Oliver Hardy oder Danny Kaye ihren Lebensunterhalt mit "Lustigsein" verdient haben (was auf Hildegard Knef, Cary Grant, Jeremy Renner, Anthony Hopkins, Marlene Dietrich oder Nicolas Cage schon wieder nicht zutrifft), so bleiben diese doch die Ausnahme; lieber halten sie sich im Hintergrund und meiden das Rampenlicht. Sie stolzieren und trompeten nicht herum oder fischen dauernd nach Komplimenten; sie sind die Zurückhaltenden, die sich lieber finden lassen als zu suchen. Offenheit, Witz, Charme, Gemütswärme fallen bei Steinböcken gerne mal den Sparmaßnahmen zum Opfer (außer bei drei meiner liebsten Freundinnen!).
Oft werden sie als der "Fels in der Brandung" empfunden (an dem man sich prima Abschürfungen holen kann... aber daran denkt man normalerweise nicht bei dem Begriff), als verlässliche, stabile, diskrete Freunde, die Ruhe und Sicherheit ausstrahlen. Wer nach Wärme und Empathie sucht, der sucht am besten woanders, denn diese Eigenschaften gehören (nach meiner Erfahrung) nur ausnahmsweise zum Steinbock.
Sensibilität empfinden Steinböcke häufig als unpraktische Gefühlsduselei, oft können sie nur schwer damit umgehen, wenn sich jemand Hilfe suchend mit seinem schluchzenden Liebeskummer an sie wendet. Die Steinböcke, die oft und gern allein sind, machen viel mit sich selber aus, entsprechend schwierig ist es für sie, ihren Kummer anderen Menschen mitzuteilen. Mir scheint, bei jemandem Hilfe zu suchen, kommt ihnen vor wie Luxus-Schnickschnack. Nicht, dass sie allesamt total verschwiegen seien – doch wenn's sie wirklich im Innersten erwischt, gelingt es ihnen nur in Ausnahmefällen, sich

jemandem anzuvertrauen. Oberflächlich wirken sie durchaus sattelfest und selbstsicher, aber als wirklich zutraulich hab ich sie, vor allem die Steinbock-Männer, nie wahrgenommen (was mich nicht sooo verwundert – Widder und Steinbock ist nicht gerade die 1a-ToppVerbindung).

Obwohl zu meinen Freundinnen auch immer Steinböcke gehört haben, war bei aller Liebe stets eine gewisse Schutzzone spürbar, die niemand betreten darf.

Ich halte eine Sphäre, die nur einem selbst gehört, für wichtig. Deswegen fühle ich mich ihnen nicht weniger verbunden.

Eine Anekdote möchte ich noch zum Besten geben:

als wir in unserem Chor eine tolle Bass-Unterstützung bekamen, der in unserer Geburtstagsliste mit 31.01. verzeichnet, also angeblich Wassermann war, sagte ich zu meinem Lieblingstenor (Wassermann): "Ich glaube nicht, dass Andreas ein Wassermann ist, ich denke, das ist ein Zahlendreher – er wirkt auf mich sehr viel eher wie ein Steinbock."

Ja, so war's dann auch.

Der Steinbock wird vom Saturn an die Hand genommen, über den ich Unterschiedliches zu lesen fand. Einerseits stünde der Saturn für den Bösewicht und die Spaßbremse, andererseits für das Konzentrieren, Reduzieren aufs Wesentliche, Disziplinieren, für die Melancholie und für das Materielle Richtung Habsucht. Was auch nicht viel besser klingt.

Der Steinbock wird oft erst ab dem zweiten Lebensdrittel lockerer und empfindet das Leben dann als nicht mehr ganz so mühsam.

Was ihm spürbar gut tut und herzlich zu gönnen ist!

Wer passt wie zum Steinbock?

Als etwas statisches Erdzeichen kann der Steinbock häufig für sein Leben keinen Trubel gebrauchen und hat Schwierigkeiten mit Lebhaftigkeit, die oft mit Lautstärke verbunden ist. Da sind ihm die ruhigen und gediegenen anderen beiden Erdzeichen *Stier* und *Jungfrau* viel angenehmer. Auch finden sich häufig Verbindungen zwischen *zwei* Steinböcken; auf die Erdzeichen scheint es zuzutreffen, dass gleich und gleich sich gern gesellt.

Immer wieder sehe ich Verbindungen, die zwischen dem Steinbock und den Wasserzeichen entstehen, die da wären *Krebs, Skorpion* und *Fische*. Was dem einen völlig abgeht, bringt der andere mit in die Beziehung; der Steinbock kommt in den Genuss der Zartheit und Emotionalität und kann sich als Beschützer fühlen (nicht unwichtig für viele Männer), die Wasserzeichen empfinden die Erdung, das traute Heim und den Halt als sehr angenehm.

Dass sich ein Steinbock freiwillig mit einem Luftzeichen zusammentut, kommt eher selten vor. Dieses oft Flatterhafte und Unverbindliche von *Zwillingen, Waage* und *Wassermann* ist ihm wesensfremd und selten angenehm (hier, wie überall spielt der Aszendent keine unwichtige Rolle, wer sich von wem angezogen fühlt).

Auch die Feuerzeichen entsprechen nur ausnahmsweise den Bedürfnissen eines Vollblut- Steinbocks. Eigentlich sind sie ihm nicht dezent genug, zu präsent, zu laut. Es sei denn, er verliert sein Herz an einen *Widder*, einen *Löwen* oder einen *Schützen*... dann ist natürlich erstmal alles drin. Angekommen im Alltag jedoch, wird es manch Erwachen geben, dass das Leben auch einfacher sein könnte. Hier ist mal wieder geduldige, liebevolle Beziehungsarbeit gefragt.

Wassermann (21.Januar – 19.Februar)

(...und ein paar andere Gedanken)

Es sind nicht viele, die derart gegensätzliche Gefühle in mir wach rufen, wie es bei männlichen und weiblichen Wassermännern der Fall ist. Hier ist mir nur selten eine Frau begegnet, die mir nicht innerhalb kürzester Zeit auf den Keks gegangen ist – z.B. Katja, Monica und natürlich Tine (schöne Grüße!).

So sehr mir der Umgang mit männlichen Vertretern dieses Luftzeichens Freude macht (zumindest mit der einen Hälfte), so oft stellt sich eine Wasserfrau als Toleranzübung für mich heraus.

Aber erstmal zum Allgemeinen... also Wassermänner.

Warum dieses Zeichen dem Luft- Verein angehört, hab ich noch nicht näher untersucht und kann insofern nichts dazu sagen. Meiner Wahrnehmung nach hat der Wassermann jedoch - genau wie seine Klubkollegen Zwillinge und Waage – einen ausgeprägten Hang zum Unverbindlichen und tut sich im Allgemeinen schwer mit der Beziehungspflege. Da er aber üblicherweise eine große Anziehungskraft auf bspw. Feuerzeichen ausübt, erhält sein Bekanntenkreis durch diese geknüpften Bande oft jemanden, dem die Beziehungsarbeit eher liegt. Mir sind haufenweise Feuer / Luft- Verbindungen bekannt; in ihrer Andersartigkeit und dem hohen Bereicherungsfaktor füreinander ziehen sie sich quasi mag(net)isch an. Mit etwas Glück und ausreichend Überzeugungskraft gelingt es manchem Feuerzeichen, dem Wassermann das ETWAS Verbindlichere schmackhaft zu machen und ihnen dabei zu helfen, von der Hintertürchen-Strategie etwas Abstand zu nehmen.

Der weitaus größere Teil der Wassermänner, die mir im Leben begegnet sind, weigert sich gern, "erwachsen zu werden". Das Wort "erwachsen" aus seinem Munde zu vernehmen, hat oft einen seltsamen Beiklang, gerade so, als wäre die persönliche Reifung irgendwie iihbabäh. Dass so viele Wassermänner so ungern "erwachsen" werden, führe ich darauf zurück, dass sie in ihrem Bedürfnis nach Unverbindlichkeit einfach nicht gern beim Wort, bzw. ernst genommen werden.

Zu meiner überbordenden Freude ist dieses Abwehrverhalten jedoch nicht unwandelbar; wenige mir bekannte Beispiele zeigen, dass man seinem inneren Kind viel Raum geben und dennoch erwachsene Züge entwickeln kann. Ist der gemeine Wassermann erstmal seinem Trotzalter entwachsen (mit etwas Glück irgendwann in seinen 40ern), so kann er einen wunderbaren Partner abgeben, auf den man sich wirklich verlassen kann.

In vielen Fällen hat der Wassermann Schwierigkeiten, sich auf physischen Kontakt mit anderen Menschen einzulassen (mal abgesehen von seiner zuweilen aufflammenden Brunftzeit); tief im Innern mag er sich danach sehnen, in den Arm genommen zu werden, ihm selbst jedoch fällt es oft schwer, als erster die Arme auszubreiten (außer TOM). Nach meiner Erfahrung hat er jedoch nichts dagegen einzuwenden, dass sein Gegenüber den ersten Schritt tut und bei ihm Dutzidutzi macht.

Zumeist liegt man nicht falsch, wenn man dem Wassermann eine hohe Hemmschwelle zuordnet und man sich darauf einstellt, ihm am besten diesbezüglich unter die Arme zu greifen.

Was es insgesamt mit den weiblichen Vertretern der Wassermänner auf sich hat, ist mir bis heute eher schleierhaft. In dem ihnen angedichteten Nonkonformismus sind sich die meisten Damen einig, indem sie bevorzugt die Diva geben. Durch ihr oft unverhältnismäßig großes Bedürfnis, wahrgenommen zu werden, machen sie sehr viel mehr Tamtam, als ihre männlichen Kollegen; was diese oft an Introvertiertheit mitbringen, gleichen jene durch Eigenreklame aus.

Zweifellos spielt hier eine große Rolle, inwieweit sich die kleinen Nixen in ihrer Kindheit übersehen und/oder zu wenig gewürdigt gefühlt haben; je größer dieser gefühlte Mangel, desto präsenter die Diva... eventuell bis zu dem Zeitpunkt, an dem ihr die Zusammenhänge klar werden und sie- bestenfalls- mit ihrer Selbsterziehung beginnt.

Interessanterweise werden durch derartige Mangelerfahrungen bei den Geschlechtern ganz unterschiedliche Reaktionen hervorgerufen – der Bub zieht sich zurück, das Mädchen kommt aus sich heraus und zupft die Großen am Jackenzipfel: "Nimm mich WAHR!"

Insgesamt aber haben wir uns nur sehr selten länger miteinander beschäftigt, die Wasserfrau und ich.

Sicher gibt es auch diejenigen unter ihnen, die mit sich einigermaßen in Harmonie sind und auf diesen Reklamerummel verzichten... mit denen mich allerdings

dennoch zumeist so gut wie nichts verbindet. Sobald mir-
neben Tine- noch eine begegnet, geb' ich Bescheid.

Inwieweit es auf familiäre Bande zurückzuführen ist oder
ob es auch in freier Wildbahn passiert wäre, kann ich nicht
beurteilen, aber mit meiner Cousine aus Schweden
(10.Februar) hab ich immer sehr gerne gespielt oder
anderweitig Zeit mit ihr verbracht. Wir waren wie
füreinander geschaffen, Unsinn zu treiben (zeitweise so
arg, dass mein Onkel, ihr Vater, uns mit den Männern in den
weißen Jacken drohte).

Diese, in den Ferien stattfindenden Begegnungen, so spaßig
sie zumeist auch waren, haben kein Fundament geschaffen
für eine lebenslange Beziehung. Wenn nicht ich (oder mein
Bruder, oder unsere Mutter...) den ersten Schritt tue, bzw.
tut, ins Gespräch zu kommen, findet auch kein Gespräch
statt. Aber solange uns dieses gesellige Schweigen nicht
stört, macht's ja auch nichts.

Was nach meiner Erfahrung männliche und weibliche
Wassermänner verbindet, ist, dass sie selbst nur
ausnahmsweise die Beziehungspflege übernehmen und nicht
selten Unterstützung brauchen, was die Kontaktaufnahme
betrifft.

Etwas weiter vorne erwähnte ich die Freude, die mir der
Umgang mit einer Hälfte der Wassermänner bereitet, die
andere Hälfte soll nun hier Erwähnung finden.

Da in der ersten Hälfte weitgehend Januar-Geborene zu
finden sind, nenne ich die zweite Hälfte der Einfachheit
halber Februar-Geborene. Von wenigen Ausnahmen
abgesehen, stimmt die Aufteilung. Was die Januar-
Wassermänner an jungenhaftem, eventuell etwas
unbeholfenem Charme mitbringen, an ruhigem
Grundtemperament und häufig gegenwärtiger
Schüchternheit, das sucht man beim Februar-Wassermann

oft vergebens. Dieser gibt häufig eher den selbstbewusst auftretenden, sich seiner Autorität sicher seienden Geschäftsmann, mit dem man aufgrund seiner oft frostigen Ausstrahlung nicht so gern ins Gespräch kommen möchte (vielleicht seine Form der Abwehr!?).

Als Vorgesetzte lassen Februar-Wassermänner gerne mal wichtige Eigenschaften eines guten Chefs vermissen; ihr häufig anzutreffender Mangel an Empathie macht sie zu weniger talentierten Mannschaftsspielern, und auch und erst recht als Vorgesetzter fehlt ihnen meist eine natürliche Freundlichkeit und Einfühlungsgabe, die ihnen ausgezeichnet zu Gesicht stünde.

Aufgrund dieses oft anzutreffenden Mangels geben sie auch nur selten (wie z.B. Mischi) einen Vater ab, den man sich- vor allem als anlehnungsbedürftiges Kind- von Herzen wünscht; ähnlich wie die Januar-Wassermänner werden auch sie eher ausnahmsweise erwachsen und sind aufgrund dessen noch so sehr mit sich selbst beschäftigt, als dass sie Bits frei hätten für Kinder, die unter Umständen jahrelang etwas von ihnen fordern.

Als unpraktisch in diesem Zusammenhang erweist sich, dass die Wassermänner selten zu den geduldigsten Menschen – also auch Vätern – gehören.

Ich will es mal so ausdrücken: ein Februar-Wassermann, der von sich aus Vater werden möchte, der sich nach Kindern sehnt – mit allem, was dranhängt - der sich selbst in die Pflicht nimmt, ist mir trotz der relativen Wassermann- Dichte in meinem Leben nur sehr selten begegnet (z.B. Mischi). Gleichwohl lassen sie sich diesbezüglich durchaus mal belatschern – aber so richtig freiwillig…?

Da es sich um nicht viel mehr als selbst Erfahrenes handelt, was ich hier aufschreibe, muss sich bitte keiner der im Februar geborenen Wassermänner auf den Bart getreten fühlen, die freiwillige und passionierte, liebevolle und geduldige Väter sind! Ich behaupte keineswegs, dass es Euch nicht GIBT- bloß habe ich nur ausnahmsweise mal einen von Euch getroffen. Nur für den höchst unwahrscheinlichen Fall, dass tatsächlich einer von Euch dieses Kapitel liest... aber diese Gefahr ist recht gering; wie ein alter Kalauer besagt: "Ich glaube nicht an Astrologie – das ist für uns skeptischen Wassermänner nichts!".

Der Wassermann wird dem Uranus zugeordnet. Uranus (ich vermute mal, der griechische Himmelsgott Uranos war Namenspate) steht für Unberechenbarkeit und für urplötzliche Veränderungen.
Vielleicht kommen Wassermänner deshalb manchmal so launisch 'rüber...

Wer passt wie zum Wassermann?

Als Luftzeichen ist der Wassermann sehr gerne mit seinem Klubkollegen, dem *Zwilling*, zusammen- zwei Magnete, die sich unwiderstehlich anziehen und die sich- sehr wichtig!- nahezu niemals die Luft zum Atmen nehmen.
Hier und da hängt der Wassermann auch gerne mit der *Waage* ab. Die Freundschaften mit *Waage*- Menschen haben aber erfahrungsgemäß und seltsamerweise eine Haltbarkeit von maximal 10 Jahren, dann geht man wieder getrennte Wege. Das sieht bei Liebesbeziehungen anders aus- die können schon mal ein ganzes Leben halten. PS: müssen aber nicht.
Häufig und gern sieht man Wassermänner auch in Gesellschaft der Feuerzeichen, dem *Widder*, dem *Löwen* und dem *Schützen*. Auch hier gibt es oft einen magischen

Zusammenhalt, der rational nur schwer erklärbar ist, weshalb ich's lieber gar nicht erst versuche. Die verstehen sich einfach, die Leutchen, und sie geben für den jeweils anderen eine super Ergänzung ab. Für diese Beziehungen könnte die Überschrift lauten: Spaß, Spiel und Spannung! Hier kann man seiner Kreativität freien Lauf lassen, und auch hier lässt der eine den anderen oft so sein, wie er ist.

Hin und wieder tun sich Wassermänner auch mit den Wasserzeichen zusammen, vor allem der Mann mit der *Fische-* Frau (gibt's sogar ein Lied drüber, von einer gewissen Severin, glaub' ich: "Erist Wassermann und isch bin Fisch, darum gibt's bei uns auch gar keine Problème..."). Leider hatten alle mir bekannten derartigen Beziehungen nur ein paar Jahre Lebensdauer, dann ging's doch wieder auseinander. Naja, so lange diese Zeit weitgehend schön war, ist es ja auch gut.

Dass sich Wassermänner auch mit *Krebs* oder *Skorpion* zusammentun, hab ich nur ausnahmsweise gesehen, und wenn, dann wirkte es nicht so richtig harmonisch auf mich.

Erdzeichen stellen für diese freien Geister eine Herausforderung dar; *Stiere, Jungfrauen* und *Steinböcke* halten gern fest, und der Wassermann lässt sich diese Enge nicht lang gefallen. Hier braucht's entweder die große Liebe- oder viel Beziehungsarbeit.

Fische (20.Februar – 20.März)

(...und ein paar andere Gedanken)

Ja, die Fische...
Obwohl ich unter den Fischen so einige Piranhas, Barrakudas, Seeteufel und Hechte erlebt habe, die vor keiner üblen Nachrede, Intrige oder anderweitiger Gemeinheit zurückschrecken, kenne ich auch erstaunlich viele, die mein Herz erobert haben mit ihrer Offenheit, Sanftheit, Freundlichkeit, Integrität, Hilfsbereitschaft, Ehrlichkeit, Klugheit... ja, und mit ihrem teilweise skurrilen Humor!
Zusammen 'rumalbern und lachen bringt Menschen einander bekanntlich näher; ein ähnlicher Humor ist ein wichtiges Element in einer Freundschaft. Gemessen an Verlässlichkeit und Aufrichtigkeit ist Humor zwar nur ein Nebenfach, doch hat er eine nicht zu unterschätzende, unter Umständen sogar stabilisierende Wirkung. Dies zeigt

sich sehr schnell an den Folgen seiner ersatzlosen Abwesenheit.

Wenngleich – grob gesagt – Feuer und Wasser in der Regel nicht viel miteinander am Deckel haben, begegnen sie einander doch hier und da und können für den jeweils anderen ein nie versiegender Quell der Inspiration sein... "nie" im Sinne von sehr, sehr lange.

Meine erste langjährige Fische- Freundin (5.3.) war die jüngere Schwester eines Schulkameraden (8.3.) meines Bruders, in den ich- dem Himmel sei's geklagt!– jaaahrelang zutiefst unglücklich verliebt war. Auch mein erster nennenswerter Spielkamerad und Schulfreund, der direkt neben uns wohnte, war ein, im Zeichen der Fische geborener Temperamentsbolzen, der mich erstmalig im Alter von ca. 8 Jahren mit männlicher Ritterlichkeit bekanntmachte, und das kam so: als unser Klassen- Brutalo mich (aus welchen Gründen auch immer) verhauen wollte, warf er sich ohne Rücksicht auf Verluste zwischen uns und verhinderte auf diese Weise eine sinnlose Klopperei.

Für ihn, meinen frühreifen Retter, war es nicht ungewöhnlich, sich ins Getümmel zu stürzen; er war quasi unausgesetzt, doch stets mit einem Lächeln im Gesicht, auf Krawall gebürstet und hatte in unseren gemeinsamen Jahren eigentlich immerzu kleine Verletzungen und aufgeschrammte Fingerknöchel von seiner bevorzugten "Freizeitgestaltung".

Netterweise bekam ich ausnahmslos seine zugängliche, unternehmungslustige und freundliche Seite zu sehen... puuh - Glück gehabt!

Als er mit etwa 11 Jahren wegzog, fühlte ich jahrelang diesen Trennungsschmerz, der für einen Kloß im Hals sorgte. Kein Wunder, dass unsere traditionellen Treffen einmal im Jahr zu meinen wichtigsten Verabredungen überhaupt gehörten!

Man sieht – selbst zwischen Feuer und Wasser kann eine sehr lange Freundschaft bestehen, und sogar noch gedeihen.

Der Kindheit und Jugend entwachsen, begegne ich immer noch und immer wieder Fische- Menschen, mit denen mich mehr oder weniger verbindet – so ganz ohne musste ich nie auskommen.

Gern geschehen :o) .

Hatte sich erstmal eine tragfähige Basis entwickelt, so waren Beziehungen mit Fischen stets Horizont erweiternd und immer eine spannende Herausforderung- für beide.

Eins steht fest: mit uns prallten jedes Mal zwei völlig verschiedene Welten aufeinander – im Denken, im Fühlen, im Handeln, im Wertesystem- aber dennoch...

Was das Zustandekommen dieser Beziehungen verlässlich untermauerte, war sicher die Achtung, die jeder vor dem anderen hatte. Sie war da und sie blieb da.

Und sollte doch mal eine gereifte, sturmerprobte Beziehung dieser Konstellation auseinander gegangen sein, so hatte man sich schlicht in unterschiedliche Richtungen entwickelt, was jedoch der Achtung voreinander keinen Abbruch tat, getan hat und/oder vermutlich tun wird. Es ist sehr angenehm, dass man von manchen Menschen freundlich abrücken kann, ohne dass gleich ein Beziehungsdrama ausbricht.

Fische- geborene Frauen, denen Reißzähne gewachsen waren, sah ich eigentlich immer nur von außen, als eine von zwei Personen, die gerade in einem Beziehungsfrust steckten. Nach meiner Erfahrung fliegen unter Freunden selten die Fetzen derartig, wie ich es in so genannten Liebesbeziehungen erlebt habe. In letztem Fall kann aus der sanften Fischefrau eine alles mitreißende Lawine werden, deren Energie man sich nicht entziehen kann, vor der man sich aber auch lieber nicht verstecken sollte, denn wenn es Zeit ist, Probleme zu bearbeiten, IST es nun mal Zeit.

Neben denen, die sich eher innerlich trennen und in der Beziehung ausharren, sind mir vor allem Fischefrauen bekannt, die aufgrund ihres Unglücklichseins zu Dauernörglerinnen mutieren, auf die einzugehen der Partner sich unbedingt bemühen sollte.

Nicht, dass sie es ihm leicht macht, zu begreifen, was sie bewegt – wer kann schon rational und deutlich von seinen verletzten Gefühlen sprechen? Ohne die Hilfe einer befreundeten Frau gelingt es nur den wenigsten Männern, verstehend in die Tiefen der Seele seiner verzweifelten Partnerin einzutauchen, ohne sich hoffnungslos zu verfransen oder ohne unter dem erbarmungslosen Augenlaser ihrer inneren Sphinx zu Staub zu zerfallen.

Neben einigen anderen sind mir vor allem unter Fische-Geborenen die kältesten Menschen begegnet, die der Globus zu bieten hat. Ob sie auch zu den Unversöhnlichen und Rachsüchtigen gehören, die gerne bei den Erdzeichen zu finden sind, kann ich nicht beurteilen, aber ihre Kälte konnte ich so manches Mal klirren hören. In jedem mir bekannten Astrologieschmöker ist nachzulesen, dass der Fische- Geborene, zusammen mit seinem Wasserkollegen Krebs, zu den empfindsamsten Sternbildern überhaupt gehört. Dieser Umstand würde, falls er den Tatsachen entspricht – zumindest erklären, warum ein Fisch in Rage eine so bemerkenswerte Kälte entwickeln kann.

Hier möchte ich anmerken: Selbst ich hab' mich schon manchmal im Leben vor meiner eigenen Kälte gegruselt und mich später darüber gewundert, wo DIE denn jetzt herkam.

Das könnte bedeuten:

-irgendwo in meinem Horoskop haben sich ein paar Fische versteckt,

-ich bin ein sehr sensibler und insofern verletzlicher Mensch,

-nach ausreichender "Vorarbeit" können ALLE Menschen mit klirrender Kälte reagieren.

Wer weiß...

Je länger ich mich mit der Astrologie beschäftige, so als geneigter, beobachtender Laie, desto häufiger kommt mir in den Sinn, dass die wenigsten Menschen exklusiv diese oder jene Eigenschaften in sich tragen. Hier und da gibt es Häufungen (Besitzdenken bei Erdzeichen, große Klappe bei Feuerzeichen, Empfindsamkeit bei Wasserzeichen, Verspieltheit bei Luftzeichen...), aber allmählich glaub' ich, dass nach ausreichend Provokation so ziemlich jeder Mensch einen Koller kriegen kann.

Was ich damit sagen will: lebten wir alle in friedlicher und liebevoller Koexistenz, bekäme- ohne pathologische Ursache- niemand einen Tobsuchtsanfall. Vieles, was in uns verborgen ist, kommt nie nach oben und wird erkennbar. Unter ausreichend Stress werden auch tiefer verbuddelte Eigenschaften nach oben befördert und kommen zum (oft verheerenden) Einsatz – Eigenarten, von denen wir selbst oft gar nichts wissen.

Bei angeblich 96% Unterbewusstsein und 4% Bewusstsein erstaunt es nicht, sich manchmal über sich zu wundern.

Gut – wann erlebt heutzutage und hierzulande ein 20-, 30-, 40-, 50- jähriger Mensch auch nur ansatzweise den, im Außen erzeugten Stress, dem diejenigen ausgesetzt waren, die schon lebten, bevor uns der über 70 Jahre während Frieden mit seinen Segnungen überschüttete?

Aber das nur so nebenbei.

Abschließend möchte ich noch anfügen:
Liebe Fische- Geborene!
Zweifellos bereichern einige von Euch mein Leben und ermöglichen mir, ganz andere Welten kennen zu lernen. Ob Frau oder Mann – dafür, dass mit uns zwei total verschiedene Typen aufeinander treffen, hatten wir schon ganz schön viele tolle Gespräche und jede Menge Spaß!
Für Eure konstruktive Kritik, Euren Humor, Eure Hilfsbereitschaft, Eure Klugheit und Eure warme Zuneigung habt vielfachen Dank!

Den Fischen wird der Neptun zugeordnet, der für Auflösung alter Muster steht.
Vielleicht arbeiten Fische deshalb so gerne in der Wissenschaft...

Wer passt wie zu den Fischen?

Fische sind gern in Gesellschaft ihrer Elemente- Kollegen *Krebs* und *Skorpion*. In diesen Beziehungen sind die wenigsten Verständigungsschwierigkeiten zu erwarten, was ihnen einen ruhigen flow verleihen kann.
Hin und wieder tun sich Fische mit den *Löwen* zusammen, weniger mit den anderen Feuerzeichen *Widder* oder *Schütze*, aber mit *Löwen* habe ich sie schon häufiger in komplizierten Verbindungen gesehen, die trotz aller Unterschiede manchmal echt lange halten.
Zu den Erdzeichen *Steinbock, Jungfrau* und *Stier* fühlen sich Fische häufiger hingezogen. Hier ist es zwar auch nicht ganz einfach, aber nach dem zugeneigten Ausräumen aller Anfangsschwierigkeiten kommen beide in den Genuss ihrer gemeinsam erarbeiteten Lorbeeren.

Die Luftzeichen *Zwillinge* und *Waage* gehen den Fischen weitgehend an der Heckflosse vorbei; hier gibt's nicht viel, das sie zueinander treibt. Hier und da verirrt sich ein Fisch mal zu einem *Wassermann*, mit dem ihn vielleicht äußerlich etwas verbindet (Beruf, Hobby...), aber innerlich gibt es bei den beiden selten große Ähnlichkeiten, weshalb sie sich oft wieder trennen... wenn auch manchmal erst nach vielen Jahren.

Die chinesischen Sternzeichen

Ratte… und andere Gedanken

24. Jan. 1936 - 10. Feb 1937
10. Feb. 1948 - 28. Jan. 1949
28. Jan. 1960 - 14. Feb. 1961
15. Feb. 1972 - 02. Feb. 1973
02. Feb. 1984 - 19. Feb. 1985
19. Feb. 1996 - 06. Feb. 1997
07. Feb. 2008 - 25. Jan. 2009

Wie bereits in der Annäherung erwähnt, zahlt sich- nach meiner Erfahrung- Schubladendenken nicht aus. Es ist unseren Überlebens- Instinkten zuzuordnen, somit nicht ganz vom Menschen zu trennen, aber dennoch bei der ernsthaften, "Vernunft- gesteuerten" Betrachtung unserer Mitmenschen wenig hilfreich.

Schon bei der chinesischen Ratte tummeln sich in meinem engsten Umfeld zwei Menschen, die unterschiedlicher nicht sein können.

Aber fragen wir erstmal die Kennerin der Materie, Theodora Lau, die uns mit ihrem interessanten Werk "Das große Buch der chinesischen Astrologie" tiefe Einblicke gestattet. Sie beschreibt die Ratte ganz grob folgendermaßen (hier füge ich immer wiederkehrende Erfahrungen hinzu):

auf der Haben- Seite finden wir oft und gern Adjektive, wie kontaktfreudig, fleißig, neidisch, selbstgerecht, sparsam bis habgierig, sicherheitsbedürftig (ach, deshalb...), familienorientiert, stressanfällig, schlau bis listig, verschwiegen, skrupellos, wettbewerbsaffin.

Zumeist sei die Ratte wissensdurstig und intelligent, initiativ, impulsiv, aufbrausend, unter ungünstigen Voraussetzungen jedoch gerne mal tyrannisch, herrsch-, rach- und eifersüchtig, Besitz ergreifend, scharfsichtig, berechnend, anziehend und umgänglich bis fröhlich. Die Ratte könne nicht gut loslassen und neige dadurch zu Verbissenheit.

Seltener zu finden sei eine Ratte, auf die folgende Adjektive zutreffen: warmherzig, offen, selbstvertrauend, tolerant, wagemutig, kompromissfähig, entspannt, nervenstark, großzügig. (Ha! –von diesen seltenen Exemplaren kenne ich sogar DREI... was'n Finderglück!)

Die Zusammenfassung könnte lauten:
"Außen und Innen sind gerne mal weiß und schwarz."

Mit "meinen" beiden sehr unterschiedlichen Ratten verhält es sich wie folgt:

bei der ersten Ratte sieht man, was dabei herauskommen kann, wenn man sich nicht seinen tief verwurzelten Unsicherheiten stellt und konsequent die Tatsache ignoriert, dass eine gesunde Selbstliebe die Basis für alles weitere Gute ist. Ohne das Annehmen seiner selbst klappt's auch nicht mit der Nächstenliebe, wie ich immer wieder festgestellt habe. Diese erste Ratte jedenfalls ist eine sich selbst ablehnende und deshalb mit vielen anderen Menschen ihres Umfeldes verkrachte Person, die zwischenmenschlich mehr kaputt macht als heile. Sie kann sich mit dem, was sie für die innere Balance braucht, nicht versorgen, ist dadurch irgendwie immer unzufrieden, wenn nicht gar unglücklich, und entfacht deshalb immer wieder infernalische (und völlig sinnlose) Auseinandersetzungen, in denen es fast immer darum geht, Macht auszuüben und/oder der eigenen Selbstgerechtigkeit Nahrung zu geben.

Ihre Unausgeglichenheit führt dazu, dass sie Beziehungen nicht gut pflegen kann und Menschen aus ihrem kleinen Bekanntenkreis gerne mal aus ihrem Leben wirft, um ihnen zu demonstrieren, wie tief ihre Verachtung für sie ist (wobei sie eigentlich nur ihre Selbstablehnung demonstriert). Dies geschieht in einer Weise, die nicht besprochen oder offen behandelt wird, sondern einfach so. Deckel zu, Pech gehabt.

Genauso unoffen geht sie vor, wenn es um Emotionales geht; bei Diskussionen fern ihrer GEFÜHLSWELT verfügt sie über einen unglaublich langen Atem, was höchste Ansprüche an ihr Gegenüber stellt. Jedoch ist ihr eine offene, liebevolle und konstruktive Auseinandersetzung mit den eigenen Emotionen nicht möglich. Ihre so genannte Sozialisation war gespickt mit Stolpersteinen, Gewalt und Hinweisschildern auf Holzwege aller Art. Der Mangel an Resilienz macht sie zu einer unberechenbaren Persönlichkeit, die besser mit Vorsicht zu genießen ist.

Alles in allem ist diese Ratte ein Beispiel dafür, was es mit einem Menschen macht, der die früh erfahrene Vernachlässigung und die ungesunde Behandlung im so genannten Erwachsenenalter selbst weiterführt, ja, der sich selbst nicht rettet, sondern dies- trotz allem- von Menschen seiner Umgebung erwartet.

Die zweite Ratte hingegen trägt sehr vieles von dem in sich, was ein Mensch braucht, um die Welt zu bereichern.

Ebenfalls unter schwierigen Umständen aufgewachsen, ist diese Ratte aufgrund ihrer stabilen Konstitution in der Lage, die vorhandenen Möglichkeiten wahrzunehmen und Sinn stiftend zum eigenen Wohl einzusetzen.

Sie beschäftigt sich intensiv mit ihrer Menschwerdung, schafft sich ein inspirierendes Umfeld, sucht sich Menschen, die ihr weiterhelfen können und betrachtet weniger günstige Wesenszüge mit der gleichen offenen Freundlichkeit, wie die so genannten Tugenden. Sie ist ein grundlos gut gelaunter und wohlmeinender Mensch, der prima darauf verzichten kann, darauf zu schauen, ob jemand anders scheinbar vom Leben bevorzugt wird. Sie geht kreativ mit dem um, was sie hat, sieht sich nicht als hilfloses Opfer und ist offen für Neues.

Die Auras dieser beiden Menschen können unterschiedlicher nicht sein. An ihnen erkennt der geneigte Beobachter schnell, ob er es mit einem Menschen zu tun hat, der- bestenfalls- ein Rohdiamant ist, oder mit einem, der sich schon konstruktiv mit sich und seinen Defiziten, sprich: der Menschwerdung beschäftigt hat und somit dabei ist, das Ruder seines Lebensschiffes selbst in der Hand zu halten.

In dem Weltbild der einen Ratte ist die "Schuldfrage" immer nur im Außen zu beantworten und wird auch oft und gern auf's Tapet gebracht. In dem der anderen sind die Unabänderlichkeiten nun mal da und sie macht aus ihrer inneren Kraftquelle heraus das Beste aus allem, ohne dauernd nach einem Schuldigen zu suchen.

Die Eine ist der unausrottbaren Überzeugung, die Welt schulde ihr etwas und wartet diesbezüglich auf Godot, während die Andere sich fragt, was sie der Welt GEBEN kann.

Hier weiß ich einfach nicht, was von all dem typisch für eine Ratte sein soll...

Bevor ich nun wieder von Hölzchen auf Stöckchen komme, blende ich kurz aus und konzentriere mich wieder auf die Ratte, die- das dürfte 'rübergekommen sein- sehr unterschiedliche Erinnerungen und Gefühle in mir wachruft.

An dieser Stelle möchte ich erwähnen, dass die meisten Ratten, die ich kennen gelernt habe, freundliche und angenehme Menschen sind- Krawallschachteln sind die Ausnahme.

Dass wir uns mal wie Plus- und Minuspol angezogen oder gar eine Seelenverwandtschaft gespürt hätten, kam in meinem Leben nur ungefähr dreimal vor... aber immerhin!
Zumeist stellen wir nicht die erste Wahl des anderen dar. So wichtig, wie "meinem" Tierkreiszeichen, dem Tiger, die Klarheit, ist der Ratte, dass man ihr am liebsten gar nicht in die Karten schauen kann; die Arglosigkeit des Tigers ist genauso groß wie die Virtuosität der Ratte, falsche Fährten zu legen. So wichtig der Ratte Rücklagen sind und Sicherheiten, so sehr pfeift der nicht sonderlich vernünftige Tiger darauf.
Hier prallen zwei Welten aufeinander, und um ein Zusammensein sinnvoll und angenehm zu gestalten, braucht es eine Riesenportion Respekt und Liebe, sowie ggf. eine rekordverdächtige Unermüdlichkeit, diese Riesenportion immer wieder aufzufüllen.

Wer passt wie zur Ratte?

Es gibt Beziehungslagerfeuer, die brennen irgendwie von selbst, während andere dauernd neues Holz brauchen. So hängt die Ratte sehr gerne mit dem *Büffel* ab und findet auch den (angeblich) respektheischenden *Drachen* toll. Der

Hit in ihren Augen aber ist der *Affe*, der anscheinend eine magische Anziehungskraft auf sie ausübt.

Die Ratte fühlt sich mehr oder weniger wohl in Gesellschaft der ähnlich verschlossenen *Schlange*, dem friedfertigen *Hasen*, sowie dem *Hund*, dem *Eber* oder einer anderen *Ratte*.

Die Abturn-Kandidaten der Ratte schließlich sind die *Ziege*, der *Hahn*, der *Tiger* und vor allem das *Pferd*, das ihr im Tierkreis gegenüberliegt, was an sich schon nicht der Bringer für eine Beziehung sein soll.

Zusammengefasst sieht es – schulnotenmäßig - so aus:

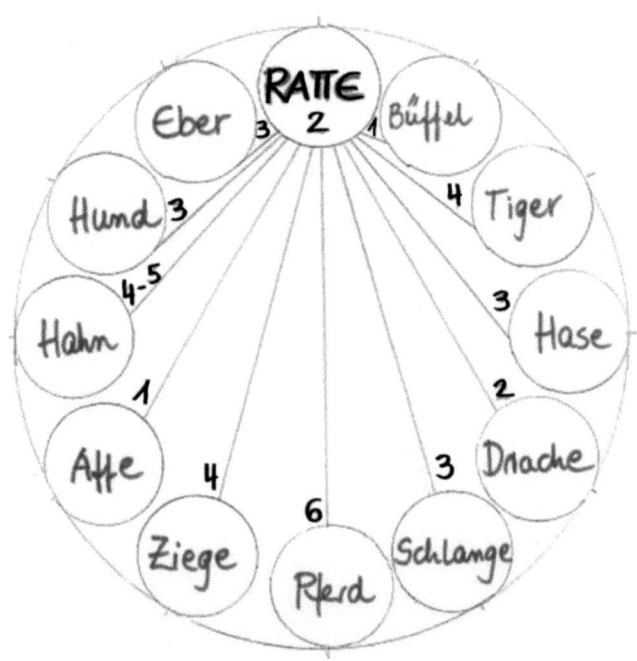

Lassen wir zum Abschluss ein "Chinesisches Holoskop" zu Wort kommen, über das ich mich seit vielen Jahren immer wieder amüsiere:

"Bei Dsi, del Latte denkt man immel gleich an Lattenplagen. Die Latten, mit denen Lockelbanden fungielen und halmlose Bülgel tylanniesielen, sind im Glunde viel schlimmel, denn kein Lichtel gleift da mal lichtig dulch, obgleich die Lockel nicht nul Zaunlatten aus Holz, sondeln auch Schlaglinge und Fahlladketten zu ihlen Dlescheleien velwenden.

Die klugen Latten velsuchen, ihl Ziel elstmal mit List und Laffinesse zu elleichen. Wenn das nicht klappt, gehen sie mit dem Kopf dulch die Wand, odel sie velwenden Tlicks.

Und sie denken immel dalan, was die Chinesen sagen:

"Je stälkel es donnelt, desto wenigel legnet es."

Büffel... und andere Gedanken

25. Jan 1925 – 12. Feb 1926
11. Feb 1937 - 30. Jan 1938
29. Jan 1949 – 16. Feb 1950
15. Feb 1961 - 04. Feb 1962
03. Feb 1973 – 22. Jan 1974
20. Feb 1985 - 08. Feb 1986
07. Feb 1997 – 27. Jan 1998
26. Jan 2009 – 13. Feb 2010

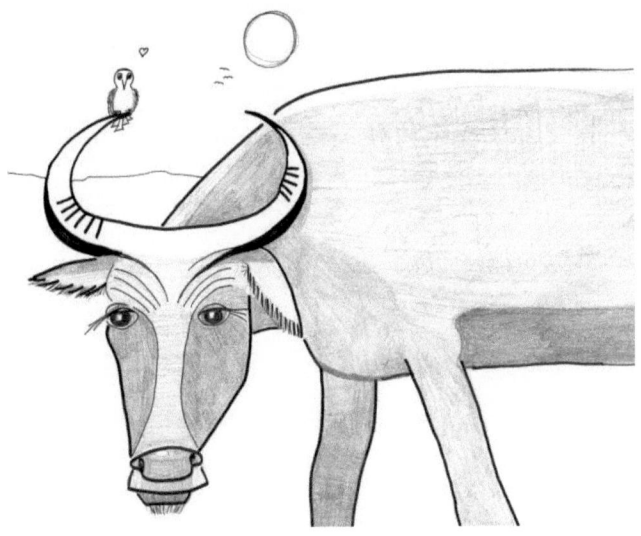

Mit dem Büffel geht es mir ähnlich, wie mit der Ratte.
Fragen wir auch hier zuerst Theodora Lau und ihre
überlieferte Einordnung der weisen, alten Chinesen:
die meisten Büffel sind unnachgiebig, streng, dogmatisch,
materialistisch, naiv in Herzensdingen, in sie verwickelt
aber treusorgend, solide, nachtragend und im Zorn
infernalisch, verächtlich bis hochnäsig Schwächeren

gegenüber, genusssüchtig, geduldig, sicherheitsbedürftig, verlässlich, ruhig, pflichtbewusst, methodisch, unermüdlich und zäh, konventionell, halsstarrig, prinzipientreu, unerschrocken, selbstvertrauend und langsam, aber im Stress geistesgegenwärtig. Ein paar Büffel weniger sind gute Zuhörer, bescheiden, ordentlich, logisch, zweckorientiert, vorurteilsbehaftet und gerecht.

Noch weniger Büffel sind beweglich und flexibel, demütig, sentimental, spendabel, redegewandt, kompromissbereit, humorvoll, mitfühlend, risikobereit, charmant, mitteilsam.

Die Zusammenfassung könnte lauten:
"Innere Würde verliert durch Arroganz".

Wie prägend der erste Eindruck ist, machte sich hier bemerkbar; der erste, von mir als solcher wahrgenommene Büffel war in ungefähr allem das Gegenteil von mir- es gab nicht eine Gemeinsamkeit, auf der sich hätte aufbauen lassen. Wir waren und blieben über Jahrzehnte Fremde, was innerhalb eines Familiengefüges nicht gerade zur Glückseligkeit führt, wie jeder nachvollziehen kann, der irgendwie einer Familie entstammt.

So war ich fortan jedes Mal angenehm berührt, wenn mir ein warmherziger, wenn nicht gar humorvoller Büffel mit sprühendem Geist über den Weg lief (ja, der erste Eindruck hält sich echt lange...).

Aber so ein richtig gemütlicher oder gar tiefenentspannter Büffel war nie darunter; scheinbar läuft sein Motor irgendwie immer. Da er dem hiesigen Steinbock gleichgestellt wird, wundert dies nicht allzu sehr.

Die Kommunikation mit Büffel- Geborenen lief für mich nie einfach so- diese Beziehungslagerfeuer brauchten andauernd Nachschub.

Naturgemäß liefen wir uns sehr selten über den Weg; noch seltener verlockte es uns, auf ein Schwätzchen stehen zu bleiben oder gar irgendwo gemeinsam ein Käffchen zu gurgeln. Von daher sind mir Büffel nicht sonderlich vertraut.

Der eine, der mir aus meinem Bekanntenkreis einfällt, bringt mit mir zusammen auch keinen Selbstgänger zuwege. Das Rad unserer Gespräche dreht sich eher unrund, und es bedarf großer Vorsicht, damit dem einen oder anderen nichts ins falsche Ohr gerät. Unsere Begegnungen sind frei von Euphorie oder gemeinsamen Plänen und finden nur selten statt.

Wir mögen uns ganz gern und respektieren einander, taugen aber nicht zu besten Freundinnen. Aber das macht ja auch nichts.

Ein anderer Büffel, der mir einfällt, ist ein junger Mann Jahrgang 1985, der eindeutig auf einem seelischen Südhang gediehen ist. Obwohl sein Elternhaus eine eher friedfreie Zone war, obsiegte- dank seiner ausgeprägten Resilienz- sein positives, bejahendes Wesen.

Mit ihm ins Gespräch zu kommen, ist einfach. Selbst, wenn wir Dinge völlig unterschiedlich einordnen oder werten, geht das Gespräch weiter, und solange wir uns kennen, sind wir- trotz unterschiedlicher Sichtweisen- nie im Unfrieden auseinander gegangen. Das ist ein Geschenk.

Bei sehr verschiedenen Charakteren kann eine tiefe, echte Zuneigung solide Brücken bauen; das ist hier der Fall. Und bleibt bisher die Ausnahme.

Dem Büffel wird im allgemeinen eine gewisse Kopfträgheit zugeordnet (bitte nicht mit Doofheit verwechseln- hier geht es um das neurologisch eher langsame Denken); er braucht ausreichend Zeit, um die Pros und Kontras abzuwägen und entscheidet selten aus dem Bauch heraus.

Ihm gibt Ordnung und Planung die von ihm benötigte Sicherheit

Der Büffel macht es sich im Leben nicht leicht- auch das hat er mit dem Steinbock gemeinsam- ; er gehört zu den Menschen, die immer arbeiten müssen, die eine Aufgabe brauchen. Sobald er Sinn und Ziel aus den Augen verliert, kann er ungemütlich werden.

Ein Charme versprühender, lockerer Bonvivant ist eher kein Büffel. Zum Lachen braucht er meist einen konkreten Grund, denn das Leben ist hart und man ist nicht zum Spaß auf der Erde.

Wer passt wie zum Büffel?

Mit wem sich der Büffel am besten versteht, beginnt bei der *Ratte*, der *Schlange* und dem *Hahn*. Mit ihnen gibt es so gut wie keine Schwierigkeiten, was die Verständigung und das Verständnis füreinander betrifft. Mit allen dreien ist eine fruchtbare, erfolgreiche und harmonische Beziehung möglich, die auf Vertrauen, ähnlichen Lebensvorstellungen und Veranlagungen fußt.

Die zweite, dennoch nicht üble Wahl fiele auf *Hase* oder *Drache*. Hier ist es aber weniger das seelische Pendant, das der Büffel in ihnen findet, sondern eher das Vernunftbetonte, was die Beziehung stabilisiert. Mit ihnen kommt er ohne große Meinungsverschiedenheiten aus.

Nur so lala läuft's voraussichtlich mit *Eber*, *Büffel* oder *Pferd*. Hier kann von Leichtigkeit und Harmonie schon nicht mehr die Rede sein. Hier fällt auch auf, dass manche Typen nicht so recht mit ihresgleichen auskommen. Diese Verbindungen bekommen bestenfalls eine 3- 4.

Kommen wir gleich zur "bestenfalls 4- 5": *Hund*, *Affe* und *Ziege* fühlen sich zum Büffel genauso wenig hingezogen wie umgekehrt; ihre Glaubenssätze und Lebensvorstellungen, sowie ihr Rüstzeug, das ihnen naturgemäß innewohnt, gehen weit auseinander.

Um schließlich mit einem *Tiger* auszukommen, bedarf es hingebungsvoller Liebe, die möglichst nie aufhört- äußerst selten zu finden zwischen Büffel und Tiger. Beide müssten täglich eine LKW- Ladung Akzeptanz und Zuneigung mobilisieren, damit es- ebenso täglich- nicht kracht und scheppert. Oder sie haben einfach Glück miteinander...
Normalerweise sehen sie sich am besten nur aus der Ferne.

Zusammengefasst könnte das – schulnotenmäßig - so aussehen:

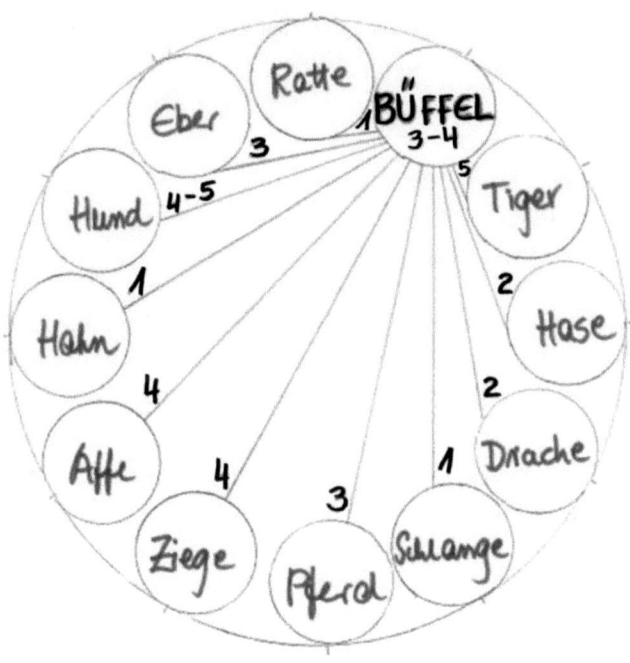

Zum Schluss sagt das "Chinesische Holoskop" zum Büffel:

"Tschou, del Büffel muss nicht unbedingt ein Dickel sein.
Man neigt zwal dazu, zu denken, del flisst alles auf, abel
das dalf man nicht annehmen. Alles Plächtige und dem
Genuss dienende isst el zwal möglichst auf, denn el glast
geln in Futtelalien 'lum, abel el vellielt dalübel nicht den
Wilklichkeitssinn und weiß: "Del Mensch lebt nicht vom Blot
allein."
Zum Blot allein hat el sowieso kein gutes Velhältnis, da es
schließlich auch Loastbeef, Klakauel Wülste,
Lindelschmolblaten und gebuttelte Blechbohnen gibt- ein
ausgesplochenes Leckelmaul!
Auf einen Nennel geblacht: del Büffel liebt guten Schmaus
und Schmatz, tlinkbale Leckelleien, Bequemlichkeit und
Gebolgenheit."

Tiger... und andere Gedanken

13. Feb 1926 - 01. Feb 1927
31. Jan 1938 – 18. Feb 1939
17. Feb 1950 - 05. Feb 1951
05. Feb 1962 – 24. Jan 1963
23. Jan 1974 – 10. Feb 1975
09. Feb 1986 – 28. Jan 1987
28. Jan 1998 – 15. Feb 1999
14. Feb 2010 - 02. Feb 2011

In dem Buch von Theodora Lau lesen wir über den Tiger Eigenschaftswörter wie energiegeladen, charismatisch, unternehmungslustig, lebhaft, leidenschaftlich, impulsiv, charmant, mitreißend, aufrichtig, sentimental, warmherzig, einfallsreich und kreativ, humorvoll bis selbstironisch, großzügig bis verschwenderisch, menschenfreundlich, verlässlich, optimistisch bis idealistisch, führungsstark, mutig bis verwegen, innerlich unabhängig, strahlend, intuitiv, mit dem Hang zur Unvernunft und zur Selbstverwirklichung.

Der Tiger ist auch gerne mal unentschlossen, aufbrausend, rebellisch, theatralisch, unberechenbar, sensibler, als ihm lieb ist, egoistisch, selbstgefällig, rastlos, reizbar und verschlossen bis unnahbar.

Weniger zutreffend sind Adjektive wie materiell, vertrauensvoll, besonnen, konventionell, vorsichtig, obrigkeitshörig, entspannt und pedantisch.

Die Zusammenfassung könnte lauten:
"Brandstifter und Feuerwehrmann zugleich".

Viele dieser Eigenschaftswörter finden sich auch in meinen Tiger- Erfahrungen. Der Tiger steht mir deutlich näher als seine beiden vorherigen Kollegen Ratte und Büffel. Er ist mir schon deshalb nicht gar so fremd, weil ich selbst als ein Tiger auf die Welt gekommen bin.

Da der Mensch erfahrungsgemäß den Wald vor lauter Bäumen nicht sieht, wenn er zu dicht an etwas dran ist, halte ich es nicht für selbstverständlich, dass er- der Mensch- seine eigene Persönlichkeit ganz und gar und superkorrekt einschätzen kann. Eine Handvoll guter Freunde, die nicht auf den Kopf gefallen sind, können einem bei der Selbsteinschätzung wichtige Hinweise geben. Menschen, vor denen ich mich nicht verstelle, haben einen ganz guten Blick auf meine Wesenszüge. Die guten Freunde bei Bedarf um Rat zu fragen, kann eine gute Hilfestellung sein bei der Menschwerdung.

Hier unternehme ich also den Versuch, den Tiger- Geborenen zu beschreiben. Aber zuerst ein Schwank aus meiner Jugend:

ich befand mich von dem ersten bis zum neunten Schuljahr in Klassen, die fast ausschließlich aus Tigerkindern bestanden. Die Atmosphäre in diesen Klassen war geprägt von eher mangelhafter Disziplin, einem krassen Lärmpegel, aber auch sehr lebendiger Mitarbeit. Nur Lehrer, die die magische Mischung besaßen aus Autorität und freundlicher, wenn nicht gar liebevoller Zugewandtheit, bekamen den Schlüssel zu unseren Herzen verliehen, was sich sehr wohltuend auf die Arbeitsatmosphäre auswirkte.

Hatten wir's hingegen mit Lehrern zu tun, die Feindseligkeit und Arglist bei uns vermuteten und/oder überhaupt keinen Draht zu Kindern hatten (kommt leider viel häufiger vor, als man vermuten möchte), diese Lehrer jedenfalls hatten es nicht leicht mit uns. Hier kam das Wald 'reinruf, 'rausschall- Ding zum Tragen. Der Ton des Großen machte die Musik; wir Kinder re- agierten eigentlich immer nur. So gesehen hatte sich jeder ängstliche oder überforderte Lehrer sein eigenes Grab leider selbst geschaufelt.

Während letztere in Lehrerkonferenzen die Überzeugung vertraten, man könne mit uns nicht arbeiten, wir seien eine ungeheure Zumutung und ähnliches, so waren die mit der magischen Mischung der Meinung, hier bräuchte es lediglich... die magische Mischung, und schon liefe es zwar lauter, als in anderen Klassen, aber insgesamt am Schnürchen.

Beide hatten recht... so für sich gesehen.

Der Tiger ist in jedem Lebensalter ein extravertierter Mensch, der nicht erst erobert werden muss. Er erobert selbst... wen oder was auch immer. Er hat normalerweise eine überschäumende Energie, die für das Umfeld schon mal anstrengend sein kann.

Diese ausufernde Energie ist aber oft nicht von langer Dauer; über die Zähigkeit, die beim Büffel zu finden ist, verfügt ein Tiger meistens nicht. Er kann innerhalb kurzer Zeit viele gute Pläne auf die Gleise stellen, aber etwas in Ruhe zum Ende zu bringen, gelingt ihm nicht so oft. So ist er eher Impulsgeber als Durchzieher, was manchmal schade ist.

Der Tiger hat sehr oft etwas Ritterliches an sich und insofern einen ausgeprägten Beschützerinstinkt. So kann er sich ohne Rücksicht auf Verluste ins Getümmel stürzen, um einem (kräfte- oder zahlenmäßig) Unterlegenen zur Seite zu stehen. Er kann Ungerechtigkeiten nicht ausstehen- das geht voll gegen sein inneres Ehrgefühl, welches ihn häufig durchströmt- und irgendwie kämpft er immer für "das Gute", wodurch er sich nicht selten Feinde macht. Dabei fällt nicht sofort ins Auge, dass er eigentlich ein Pazifist ist- den stellt man sich irgendwie anders vor.

Der Tiger wird unserem Wassermann gleichgestellt, was seinen Nonkonformismus, seinen Einfallsreichtum und seinen Mangel an Entscheidungsfreude erklärt. Er muss oft für lange Zeit auf die Weide, bis er sich voll und ganz und verlässlich für eine Beziehung entscheidet. Wenn er dann soweit ist, gehört er zu den treuesten und loyalsten Partnern, die man sich vorstellen kann. Das bezieht sich auch auf seinen Status als Freund oder Freundin, Mitstreiter oder Geschäftspartner.

Da bei dem Tiger, genau wie beim Wassermann, das innere Kind sehr dicht unter der Oberfläche liegt, hat er normalerweise ein natürliches und unverstelltes Verhältnis zu Kindern. Da er zudem oft und gern Fünfe gerade sein lässt, voller Ideen steckt und überhaupt nicht einsieht, sich bei Kindern einzuschleimen, kommt er bei den meisten auch gut an.

Was Theodora Lau in Ihrem Buch über chinesische Astrologie zum Tiger schreibt, deckt sich mit meiner Erfahrung: ein Tiger kann bei seinen Mitmenschen angeblich die ganze Vielfalt der Emotionen wachrufen- außer totale Gleichgültigkeit. Da er ein elementares Bedürfnis nach Offenheit und Wahrhaftigkeit in sich trägt, kann der Tiger seinen Mitmenschen, die er ätzend findet, prima auf die Füße treten und sich dafür eine Abreibung einfangen- aber das ist es ihm wert. Es liegt nicht in seiner Natur, sich zu verstellen, und so beherzt er Kritikpunkte anspricht, so offen gesteht er auch seinen Liebsten seine Zuneigung.

Der Vorteil seiner Präsenz beinhaltet, dass man immer weiß, woran man bei ihm ist; Geheimniskrämerei geht ihm gegen den Strich und auf die Nerven. Ein "echter" Tiger wird nie aufhören, Moral zu aposteln, was nicht wenigen Menschen gehörig auf den Geist geht. Seine Offenheit macht den Tiger angreifbar, aber anders möchte er nicht sein. Was ihn (bzw. vermutlich eher mich) bewegt, sind Fragen, wie:

Warum suchen nur so wenige Menschen nach ihrer inneren Wahrheit? Ist die Welt nicht so schon kompliziert und lieblos genug?

Warum werden ausgerechnet positive Gefühle so oft verbrämt?

Muss man unser Zusammenleben auch noch mit Neid, Unaufrichtigkeit und Niedertracht verschlimmern?

Warum reißen sich nur so wenige Menschen darum, sich auch NACH ihrem 14. Lebensjahr noch weiter zu entwickeln; woher kommt nur diese unglaubliche Beratungs-Resistenz?

Wird man ja mal fragen dürfen...

All das kannst Du jedoch getrost vergessen, wenn der Tiger mit sich und der Welt hadert. Dann ist er genauso anstrengend, unberechenbar und nervtötend wie ungefähr alle Menschen, die zutiefst unglücklich sind.

Wer passt wie zum Tiger?

Die Top Two unter den Zwölfen sind das *Pferd* und der *Hund*. Das gegenseitige Vertrauen, das Verständnis und die Verständigung sind in bestem Zustand und ermöglichen eine tolle Beziehung, sowohl beruflich, als auch privat.
Gut sind die Verbindungen mit dem *Drachen*, mit dem es lediglich kleinere und überwindbare Scharmützel geben soll, oder dem *Eber*, der dem Tiger den Rücken stärkt und umgekehrt und mit dem eine fruchtbare Zusammenarbeit sowohl geschäftlich als auch privat möglich ist.

Nicht ganz so toll gestalten sich die Zusammenkünfte mit einem anderen *Tiger*, dem *Hasen*, der *Ziege* und dem *Hahn*. Hier fehlt es angeblich an freundlicher Zugeneigtheit und Gesprächsbereitschaft, und der Unähnlichkeiten gibt es viele... die aber nach meiner Erfahrung an Bedeutung verlieren, je größer die Zuneigung ist.

So gar nicht hinhauen soll's mit der *Ratte*, dem *Büffel*, der *Schlange* und dem *Affen*. Sollte sich in diese Verbindungen nicht aus Versehen die Liebe verirrt haben, sieht die chinesische Astrologie keine Chance auf ein Gedeihen.

So gesehen ist der Tiger nicht gerade die mathematische Variable unter den chinesischen Tierzeichen...

Zusammengefasst sieht es – schulnotenmäßig - so aus:

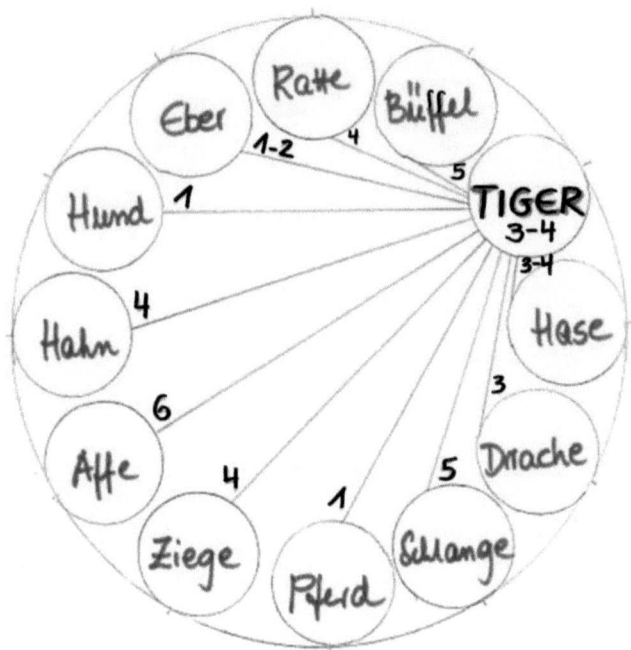

Befragen wir nun noch das "Chinesische Holoskop" zum Tiger:

"Ying, del chinesische Tigel, hat es faustdick hintel den Ohlen! El gleicht einem Mälchenplinzen mit Mut und Littellichkeit und spielt mit Unschuldsmiene Beschützel und Helzensblecher.

Unsele Kindellein zehlen natüllich von diesel Tigeleigenschaft. Abel wel schon flügge gewolden ist, den sollte man vol den Casanova- Allülen des Tigels doch walnen.

Die Ehle zu velteidigen, ist fül den Tigel das Allelwichtigste. Del Tigel packt selbst an. Man blaucht ihn also nicht anzupacken- und schon gal nicht in den Tank!"

Hase... und andere Gedanken

02. Feb 1927 – 22. Jan 1928
19. Feb 1939 - 07. Feb 1940
06. Feb 1951 – 26. Jan 1952
25. Jan 1963 – 12. Feb 1964
11. Feb 1975 – 30. Jan 1976
29. Jan 1987 – 16. Feb 1988
16. Feb 1999 - 04. Feb 2000
03. Feb 2011 – 22. Jan 2012

Der Hase, so ist in dem Buch von Theodora Lau zu lesen, gilt als das glücklichste Zeichen. Er habe jede Menge guter Eigenschaften (kann ich bestätigen), allerdings sei er eher oberflächlich, entsprechend seine guten Eigenschaften ebenfalls, was für einen seltsamen Beigeschmack sorgt.
Aber sehen wir erstmal, was wir so über den Hasen nachlesen können oder selbst erfahren haben. Oft zutreffend seien Adjektive wie distanziert/ verschlossen, unergründlich, höflich, zurückhaltend, launenhaft,

diplomatisch, freundlich, geschäftstüchtig, spöttisch, nur scheinbar zahm, gesellig, eitel, konventionell und außengesteuert, sorgfältig, realistisch, ichbezogen, friedliebend, eher passiv- aggressiv, oberflächlich, sicherheits- und harmoniebedürftig, wenig stressfest, misstrauisch und anpassungsfähig. Der Hase sei öfter mal nachtragend, Kritik gegenüber scheinbar gleichgültig, jedoch sehr verwundbar, zärtlich, gefällig, genusssüchtig, kultiviert, bequem, selbstmitleidig, unempathisch, intellektuell, opportunistisch, selbstgefällig bis eingebildet. Zum Schluss die Eigenschaften, die man eher selten beim Hasen findet: er ist meistens nicht besonders offenherzig, ordinär, unbesonnen, entscheidungsfreudig, angriffslustig, verbindlich, kämpferisch oder kühn.

Die Zusammenfassung könnte lauten:
"Unschuldsmiene hat's faustdick hinter den Ohren".

Irgendwo hab' ich mal gelesen, dass der chinesische Hase die Entsprechung der persischen Katze sei. Hier bekommen die aufgelisteten Eigenschaften eine andere Färbung. Das eine ist ein Fluchttier mit seitlich sitzenden Augen, das andere ein Schleichjäger mit vorn sitzenden Augen, was typisch für so genannte Raubtiere ist.
Aber das nur als Merkwürdigkeit nebenbei...

Mir sind im Leben mehrere Hasen über den Weg gehoppelt, von denen ich einige wenige auch zu meinen engeren Vertrauten zähle, einige davon jedoch nicht wirklich mit mir warm wurden und umgekehrt. Das lag aber nicht unbedingt an einer tiefen Antipathie zwischen uns, sondern vor allem daran, dass wir so sehr unterschiedlich gestrickt sind und vom Typ her eigentlich nicht viel miteinander am

Deckel haben- sozusagen ist dies oft ein wohlwollendes Nicht- Zusammensein gewesen.

Was mir am Hasen immer wieder auffällt, ist sein Talent, eine friedvolle Atmosphäre zu schaffen. Er wirkt oft so niedlich und harmlos, dass man glatt übersehen könnte, was für ein begabter Schauspieler er ist. Sollte er sich- kaum zu vermuten, aber möglich- darüber beklagen, dass Du ihn "ja gar nicht kennen" würdest, so liegt dies unter Umständen daran, dass er auch in der stets dezenten Selbstdarstellung oft und gern Haken schlägt.

Der Hase möchte am liebsten schwer einschätzbar sein- vielleicht, weil die Angst eine häufige Weggefährtin von ihm ist, wie mir immer wieder auffiel. So gesehen könnte er auch im Zeichen des Tintenfisches geboren sein, der bei vermeintlicher oder echter Gefahr durch eine Tintenwolke entkommen kann.

Unter den kühnen Wegbereitern, Revolutionären und Entdeckern sind eher wenige Hasen zu finden. Wenn, dann kann der Hase mit Geduld und langem Atem zum Beispiel in einem Labor die seltsamsten Dinge entdecken (wie Marie Curie), aber draußen in unwägbarer Umgebung eher nicht.

Apropos Tintenfisch- die Entsprechung des Hasen in der abendländischen Astrologie ist der Fische- Geborene. Die Fische und der Hase verfügen über mehr Gemeinsamkeiten, als mir das bei der Ratte und dem Schützen aufgefallen ist. Ihre oft zurückhaltende Art und ihr angenehmes Wesen verbindet die beiden genauso wie ihre Undurchschaubarkeit. Die Neigung zu Ängstlichkeit, was sich auch gerne in Zögerlichkeit ausdrückt, ist beiden zu eigen. Die meisten der mir bekannten Fische und Hasen sind von natürlicher Liebenswürdigkeit- vor allem im Außen. Nur jemand, der sie näher kennt, bekommt ihre Zweifel, ihre Ungeduld, ihre eventuelle Zerrissenheit und ihre (passiv-) aggressiven Anteile mit, was hier und da zu

Verwunderung führen kann. Aber schließlich sind Hasen ja auch nur Menschen, nech?

Wer passt wie zum Hasen?

Nach den Erkenntnissen der chinesischen Astrologie hat der Hase- genau wie alle anderen Zeichen- seine Lieblinge, und solche Leute, die er lieber von hinten sieht.
Fangen wir mit letzteren an: nur selten kommt der Hase mit *Tiger*, *Pferd* und *Hahn* auf einen grünen Zweig; diese Charaktere klaffen weit auseinander, und sollten sie nicht das Glück haben, Liebe füreinander zu empfinden, täten sie gut daran, sich nicht all zuviel gemeinsam vorzunehmen.
Bestenfalls "naja" ist eine Verbindung mit *Affe, Ratte, Büffel* oder *Schlange*; sie alle hegen von Natur aus kein großes Vertrauen- auch nicht zueinander- und haben nur wenig gemeinsam.
Eine 2 bis 3 könnte eher die Verbindung mit dem *Büffel*, dem *Eber* oder dem *Drachen* erhalten. Eine Ähnlichkeit der Gefühlslage und eine grundsätzlich vorhandene Bereitschaft zur Verständigung, sowie ein ausreichendes Maß an Respekt und Vertrauen machen ein Miteinander angenehm.
Ein anderer *Hase*, der *Hund* und die *Ziege* sind die erklärten Lieblinge des Hasen- mit ihnen kommt er am besten aus. In diesen Fällen kann es vorkommen, dass selbst der Hase für seine Verhältnisse tiefes Vertrauen entwickelt. Hase, *Hund* und *Ziege* gehen nur sehr selten auf die Barrikaden und machen sich gegenseitig keine Angst, was ihnen allen viel wert ist.

Zusammengefasst sähe das- schulnotenmäßig- so aus:

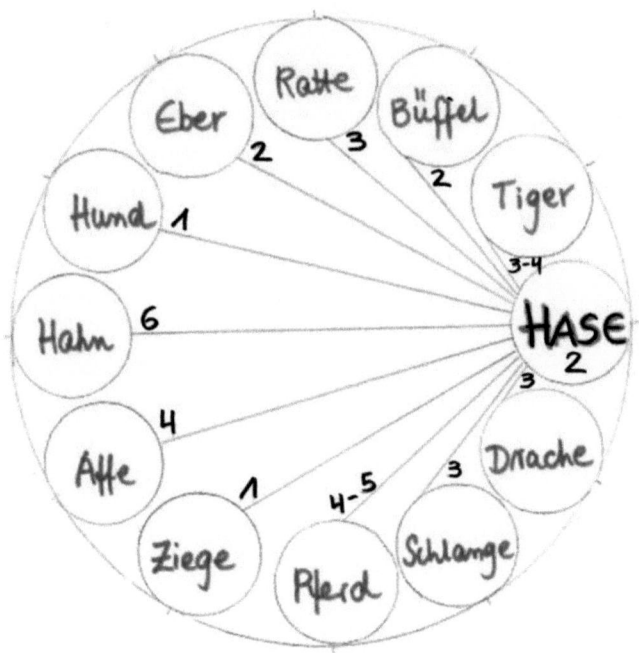

Hier noch das "Chinesische Holoskop":
"Die chinesischen Hasen (Mau) wollen bemutteln. Sie schließen dauelhafte Fleundschaften. Zwal sind sie launisch, abel man kann sich mit allen Solgen an ihlel Schultel ausweinen. Die Welt ist fül die chinesischen Hasen jedoch immel ilgendwie in Buttel, denn eines sind sie schon seit ihlel Gebult: die gebolenen Untelmüttel. Von diesem Glad an können sie dann aufsteigen.
Wenn sie alleldings auf unselen Klebs stoßen, dann könnte es zu Bemuttelungsschwieligkeiten kommen. Das wäle kein halmonisches Velhältnis, denn dann wäle bei unselel Klebsmuttel nicht mehl alles in Buttel, dieweil unsel Klebs in unselen Bleitengladen als del anelkannte Bemuttelel fungielt."

Drache... und andere Gedanken

23. Jan 1928 - 09. Feb 1929
08. Feb 1940 – 26. Jan 1941
27. Jan 1952 – 13. Feb 1953
13. Feb 1964 - 01. Feb 1965
31. Jan 1976 – 17. Feb 1977
17. Feb 1988 - 05. Feb 1989
05. Feb 2000 – 23. Jan 2001
23. Jan 2012 - 09. Feb 2013

Einen Drachen im Haus zu haben, sagt der weise Chinese, bringt Glück.

Wie das kommt und warum das so sein soll, würde mich schon näher interessieren... gleichwohl war ich in ihrer Gegenwart nur ausnahmsweise unglücklich.

Einige Drachen- Eigenschaften sorgen für Unruhe und dicke Luft- sein Hang zum Größenwahn beispielsweise und das Bedürfnis nach Publikum- aber gehen wir der Reihe nach vor.

Nach dem Buch von Theodora Lau (und meinen eigenen Erfahrungen) sind bei dem Drachen sehr oft folgende Eigenschaften zu finden: er ist offenherzig, kraftvoll, egoistisch, exzentrisch, voller Tatendrang, ehrgeizig, anspruchsvoll, dogmatisch, stolz bis selbstüberschätzend, (er ist, wie gesagt, häufig Richtung Größenwahn unterwegs), charismatisch, hitzig, rechthaberisch, verlässlich, sportlich, barsch bis rücksichtslos, naturliebend und reisefreudig, verschwenderisch, ungeduldig, despotisch, autoritär, machthungrig, verwegen. Er verfügt über Führungsqualitäten, ist ein optimistisches Stehauf-Männchen, versprüht viel Glitzer, doch wenig Tiefgang, und er braucht die Bühne und entsprechende Anbeter.

Etwas seltener begegnet man dem Drachen als demokratisch, tolerant, freundlich, dickköpfig, redegewandt. Er neigt halb und halb zu Allüren und weiß manchmal nicht recht, wann Schluss ist.

Noch seltener ist er verschwiegen, gerissen, verlogen, romantisch, sentimental, nachtragend, bescheiden, feinfühlig oder vernünftig.

Das alles erstaunt nicht so sehr, wenn man bedenkt, dass die abendländische Entsprechung des Drachen der Widder ist, und es fällt auf, wie viel die beiden gemeinsam haben.

Was ich an dieser Stelle aber überhaupt nicht bestätigen kann, ist die legendäre Kühnheit, die dem Drachen gern zugeordnet wird. Es sind einige Drachen in mein Leben gepoltert (das meine ich nicht abwertend, sondern im Sinne von "sehr präsent 'reingekommen"), aber bei näherer Betrachtung waren sie nur ausnahmsweise aus dem Helden-Holz geschnitzt. Ähnlich wie die Widder wirbeln Drachen ordentlich Staub auf, sind aber leichter einzuschüchtern, als ihnen lieb ist. Muss so 'ne Art Selbstschutz sein, das Aufwirbeln... vielleicht steckt viel mehr Tintenfisch in uns Menschen, als man denkt?!

An nahezu allen, mir näher bekannten Drachen fiel mir auf, dass sie offenbar größte Schwierigkeiten haben, sich einen Zugang zu ihren Gefühlen zu verschaffen- vor allem zu denen, die etwas mit Schmerz und Verwundbarkeit zu tun haben. Die Überwindung eines Kindheitstraumas beispielsweise scheint überhaupt nicht möglich zu sein; oft konservieren Drachen ihre Schmerzen, statt sie zu bearbeiten.

In diesem Zusammenhang kann man Zeuge ihrer gigantischen Sturheit werden, die echt verblüfft.

Aus diesem Grund war mir nur sehr selten vergönnt, einen wirklich offenen Drachen kennen zu lernen, der es als erstrebenswert empfindet, sich den Rest seines Lebens weiter zu entwickeln ...was allerdings nicht nur drachentypisch, sondern eher unserer Spezies zu eigen ist.

Nach meiner Erfahrung haben "typische" Drachen Schwierigkeiten, die "Nummer Zwei" zu sein. Sie finden (bewusst oder unbewusst), das Zepter stünde ihnen von Natur aus zu, und so haben sie wenig Lust, es aus der Hand zu geben. So sind sie auch nicht unbedingt zur (gleichberechtigten) Teamarbeit geeignet, da sie sich naturgemäß schlecht unterordnen können.

Allerdings kenne ich auch ein paar wenige Drachen, die in der Lage sind, sich nicht in den Vordergrund zu drängen und die gern andere ans Ruder lassen; diese sind meistens unter einem nachgiebigeren abendländischen Zeichen geboren, wie Fische, Jungfrau oder Skorpion (ja, selbst der Skorpion kann sich geschmeidig machen, wenn es jemandem gelingt, ihn von seinen Qualitäten zu überzeugen).

Die Zusammenfassung könnte lauten:
"Es ist nicht alles Gold, was glänzt".

Wer passt wie zum Drachen?

Drachen haben einen superguten Draht zu der *Ratte,* dem *Affen* und dem *Hahn.* Mit ihnen verstehen sie sich oft wortlos, fühlen sich auf einer Ebene. Sowohl geschäftlich, als auch privat sind beste Verbindungen möglich. Mit *Büffel, Drache, Schlange* und *Eber* kann der Drache solide bis gute Beziehungen aufbauen; hier kommt es nur selten zu Machtkämpfen.

In Gesellschaft von *Tiger, Hase, Pferd* und *Ziege* kommen die großen bis noch größeren Wesensunterschiede zum Tragen. Eine Beziehung braucht die volle, genau genommen liebevolle Wachsamkeit, damit sich Vertrauen, Stabilität und Tiefe entwickeln können.

Aber bei welcher Beziehung ist das nicht nötig?

Was schließlich den *Hund* betrifft, so rät der weise Chinese dringend von einer Beziehung ab. Es bedarf hierzu offenbar keiner näheren Erläuterung, da sich Drache und Hund im Tierkreis gegenüber liegen, und allein diese Tatsache ist ein NO GO für eine Beziehung.

Die, diesem Umstand innewohnende Dramatik hat sich mir allerdings selten erschlossen.

Also, ich kenne da einen Drachen und einen Hund, ein Ehepaar seit über zehn Jahren, die ihre Meinungsverschiedenheiten und Querelen haben, dem geneigten Gegenüber aber auch glaubhaft ihren Respekt füreinander vermitteln- nonverbal; man spürt ihn deutlich.

Sie gehen offen und liebevoll miteinander um und es ist ganz leicht, sich in ihrer Gegenwart wohl zu fühlen.

Was wieder einmal beweist: es kommt nicht darauf an, was für ein Tierzeichen Du bist, sondern darauf, was Du aus Dir und Deinen Beziehungen machst. Lohnend ist immer, sich Vorbilder zu suchen, einen vernünftigen Freundeskreis aufzubauen und Freude zu haben am Dazulernen.

Zusammengefasst sieht dies- schulnotenmäßig- so aus:

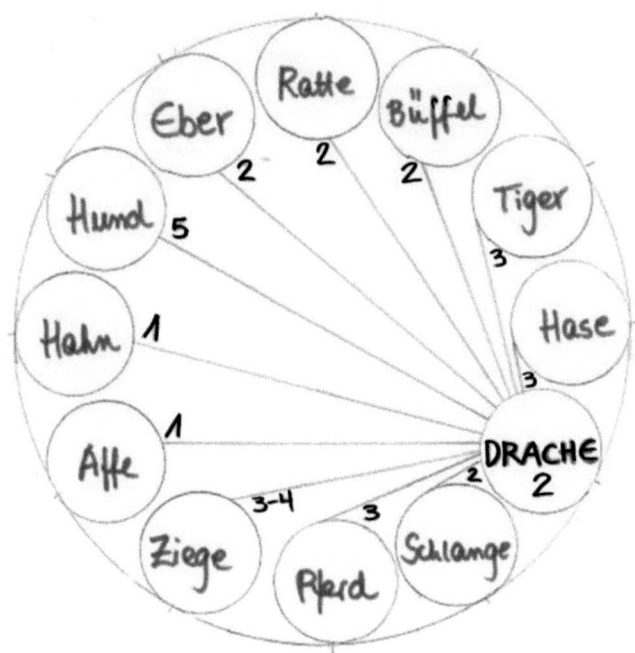

Was sagt das "Chinesische Holoskop" zum Drachen?
"Tscheng, del Dlache gilt als elfindungsleich, talentielt und dabei oft auch als geheimnisumwittelt.

Dlachen lieben Witz, Geist und Ilonie und packen manchmal in Windeseile ihle Koffel, um neuen Ufeln zuzustleben. Als Lebenskünstlel möchte del tlickreiche Dlache am liebsten ständig um die Welt leisen. Das hat el zweifellos mit unselem Schützen und Zwilling gemeinsam.

In unselen Bleitengladen hängt man dem Dlachen geln ein Volspiel an, zB "Schanddlachen" odel auch- ganz nackt- "Du Dlachen", womit fast immer die alme Eheflau gemeint ist.

Del Ausdluck "Dlachen" elfleut sich bei uns also keinel gloßen Beliebtheit."

Schlange... und andere Gedanken

10. Feb 1929 – 29. Jan 1930
27. Jan 1941 – 14. Feb 1942
14. Feb 1953 - 02. Feb 1954
02. Feb 1965 – 20. Jan 1966
18. Feb 1977 - 06. Feb 1978
06. Feb 1989 – 26. Jan 1990
24. Jan 2001 – 11. Feb 2002
10. Feb 2013 – 30. Jan 2014

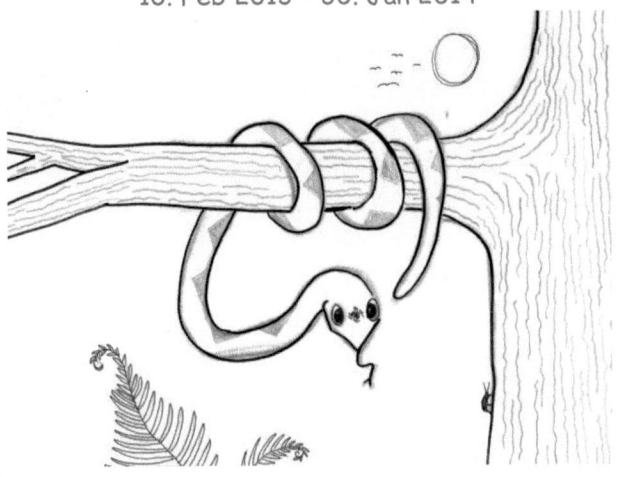

Was die Schlange betrifft, so zähle ich einerseits eine zu meinen allerbesten Freundinnen und engsten Vertrautinnen, andererseits kenne ich einige, auf die tatsächlich zutrifft, was ich mal in einem Astrologie- Buch gelesen habe, das ungefähr lautete wie folgt: Man fragt sich, was in Gottes Namen die beiden eigentlich voneinander wollen (hier sind Schlange und Tiger gemeint).

Zunächst befragen wir mal die chinesische Astrologie nach der Schlange: sie sei tiefsinnig, schlau, umsichtig, geistig rege, organisationsbegabt, anpassungs- und wandlungsfähig, anschmiegsam, wendig, feinsinnig, elegant, optimierend, beobachtend. Desweiteren sei sie verlässlich, schnell lernend, kultiviert, entscheidungstreffsicher, eifer- und rachsüchtig, zäh, rätselhaft, grüblerisch, ungeduldig, scharfsinnig und nachtragend. Eine verliebte Schlange sei von größter Hingabe und Aufopferungsbereitschaft. Bei übertriebenem Misstrauen neige sie leicht zur Paranoia und entwickle einen Hang zum Sarkasmus. Dennoch verfüge sie über einen geistreichen Humor.

Seltener anzutreffen sei eine Schlange, die sich dem Hedonismus hingebe, die tiefreligiös sei oder gar abergläubisch, übersinnlich begabt, skrupellos, Besitz ergreifend, maßlos und unerbittlich.

Vertrauensvoll, offenherzig, gesellig oder kommunikativ sei eine Schlange eher nicht- wobei ich immer wieder die Erfahrung gemacht habe, dass auch hier ein passendes Wald- 'reinruf- 'rausschall- Ding wahre Wunder wirkt. Liebe erzeugt Gegenliebe- auch bei der Schlange.

Die Zusammenfassung könnte lauten:
"Achtung: Eisberg trifft auf Vulkan- Deckung!"

Die angeblich Schlange- typische Undurchschaubarkeit ist nach meiner Erfahrung bei allen Menschen zu finden, die von Misstrauen gebeutelt sind. Das Misstrauen wiederum fußt eigentlich immer auf mangelndem Selbstvertrauen. So gesehen ist unsere Welt voll von Menschen mit einem Mangel an Selbstvertrauen- egal, unter welchem Zeichen sie geboren wurden. Und diese lassen sich naturgemäß nicht gern in die Karten schauen, da sie sich unentwegt mit ihren Minderwertigkeitskomplexen herumschlagen.

Als- den größten Teil meines Lebens- selbst Betroffene mache ich mich darüber keineswegs lustig, noch bin ich allzu verwundert: in einer Welt, in der angeblich nur Frauen mit zehn Prozent Untergewicht, trotzdem bitteschön Riesen- Gazongas im Bustier und Männer mit einem Mords- Konto und "Shape"- gestyltem Body akzeptiert werden, gibt es genug Raum, sich "falsch" zu fühlen. Was nicht gerade den offenen Umgang mit anderen Menschen fördert.

Nach meiner Erfahrung hat unser verordnetes Idealbild mit der Realität nicht viel zu tun, also kann es einem ebenso 'nen LKW breit am Gesäß vorbeigehen.

Aber haben die Menschen seit Menschengedenken nicht schon immer alles Mögliche unternommen, um dem Jetzt und Hier zu entfliehen? Die Geschichte der Menschheit ist auch eine Geschichte der Drogen.

Aber das ist ein anderes Thema.

Die Schlange also hat von den Veranlagungen her ganz offensichtlich sehr viel mit dem hiesigen Skorpion zu tun, wird aber dennoch als Entsprechung des Stieres angesehen.

Da ich zugebe, mich schon mit Stier- Frauen nicht auszukennen, füge ich noch hinzu: mit Schlange- Männern kenn' ich mich ebenso wenig aus. Wir begegnen einander einfach nicht, und wenn doch, übersehen wir uns. Wir haben keine Berührungspunkte, auf denen sich eine Beziehung aufbauen ließe. Sollte sich aber doch eine Gemeinsamkeit finden, so kann sich eine durchquatschte Nacht als genauso spannend erweisen, wie eine mit "besser passenden" Menschen.

Tatsächlich erinnere ich mich an so einen langen Abend im beschaulichen Detmold, welches damals noch über ein ganz reizendes Kino verfügte. Dorthin ging ich ungefähr täglich, um die damals neueste Verfilmung des Cyrano de Bergerac zu sehen. Der Mensch an der Kasse kuckte nach ein paar Tagen etwas irritiert- amüsiert, und irgendwie kamen wir in's Gespräch. Nach meinem letzten Besuch gingen wir auf ein Tässchen Bier in eine Kneipe und kurvten themenmäßig durch Hölzchen und Stöckchen- unter anderem kamen wir auf die Astrologie. Er seufzte, er sei ein Skorpion... und- stell' Dir nur vor! - auch noch im Jahr der Schlange geboren! Beide nickten wir mit dem Kopf: das bedeutet viel Arbeit, sich locker zu machen.

Ich erinnere mich aber auch, dass dieser junge Mann auf einem- wie er auch selbst fand- sehr guten Weg war... er war sich seiner voll bewusst. So jemanden trifft man nicht allzu häufig, doch wenn man ihn trifft, kann es sehr bereichernd sein.

Und eigentlich egal, was für einem Tierzeichen er angehört.

Wer passt wie zur Schlange?

Was die Vorlieben der Schlange betrifft, so steht an oberster Stelle der *Hahn*, mit dem sie eine ausgezeichnete Liebes- oder Geschäftsverbindung aufbauen kann. Sie verstehen sich großartig und sind ein Spitzen- Team. Gute Verbindungen gibt es auch mit dem *Büffel*, dem *Hasen*, dem *Drachen*, der *Schlange* und dem *Hund*. In allen Fällen gibt es weder großes Kompetenzgerangel noch elementare Meinungsverschiedenheiten.

Mittelprächtige Beziehungen sind mit der *Ratte* und der *Ziege* möglich, in denen ein akzeptables, einigermaßen verträgliches Klima vorherrscht.

Von Verbindungen mit *Tiger*, *Pferd*, *Affe* und *Eber* ist der Schlange abzuraten. Hier stimmen weder das Verständnis füreinander noch die Verständigung, die Vorzeichen stehen auf Kühle, Misstrauen und Distanziertheit. Vor allem, wenn man sich keine ernsthafte Mühe gibt, denn dann- oh Wunder!- kann es auch hier gute Verbindungen geben.

Was zu beweisen war.

Zusammengefasst sieht dies- schulnotenmäßig- so aus:

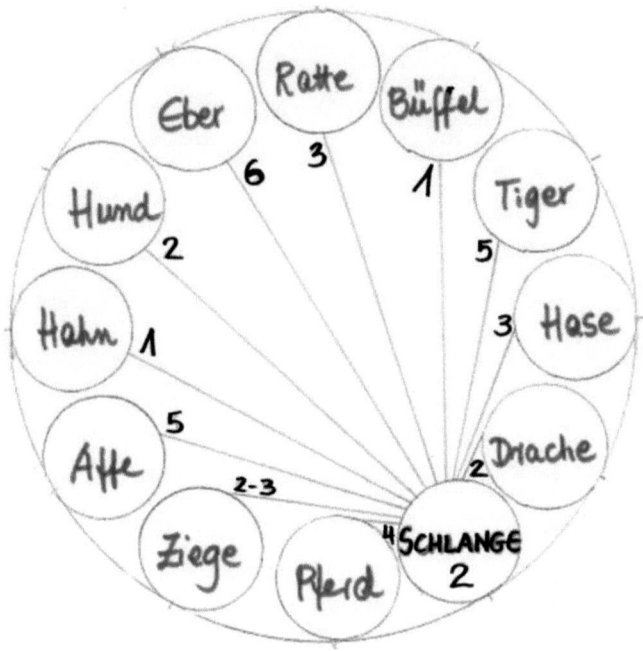

Das "Chinesische Holoskop" sagt zur Schlange:
"Sze, die Schlange sucht häufig ihl halbes Leben lang nach ihlem eigentlichen Lebensziel. Eine losalote Blille scheint sie also nicht zu tlagen. Sie ist einfach zu klug, um sich mit Mittelmäßigem zu begnügen. Und das blingt sie selbst und andele bisweilen an den Land del Nelvenklaft.

Dies ändelt sich jedoch schlagaltig, wenn sie ihl Ziel gefunden hat. Dann wird sie chalmant und liebenswelt.

Sie ist attlaktiv und dickköpfig. Letzteles ist lein optisch alleldings gal nicht so leicht volstellbar.

Sie soll sich auch selbst in den Schwanz beißen, wenn sie glimmig ist. Dabei denkt man zwangsläufig an eine Lingelnattel. Abel walum soll eine Kleuzottel das nicht auch können?"

Pferd... und andere Gedanken

30. Jan 1930 – 16. Feb 1931
15. Feb 1942 - 04. Feb 1943
03. Feb 1954 – 23. Jan 1955
21. Jan 1966 - 08. Feb 1967
07. Feb 1978 – 27. Jan 1979
27. Jan 1990 – 14. Feb 1991
12. Feb 2002 – 31. Jan 2003
31. Jan 2014 – 18. Feb 2015

Mit dem chinesischen Pferd springt und rennt ein temperamentvolles Wesen durch den Tierkreis. Es wird unseren Zwillingen zugeordnet, von denen bekannt ist, dass sie- dem Schmetterling ähnlich und oft etwas rastlos- von Blüte zu Blüte flattern. Die Tatsache, dass ihr Kopf voller Ideen steckt, lässt sie leicht unstet wirken, denn sie wollen immer mal alles gleichzeitig. Gelingt es einem Menschen oder einer Sache jedoch, ihre Aufmerksamkeit zu fesseln, können sie durchaus länger verweilen.

Das Pferd ist, wie die meisten unserer Zwillinge, von grundlos freundlicher Veranlagung (immer vorausgesetzt, es ist mit sich selbst im grünen Bereich... aber das gilt ja für alle Menschen). Es ist ein offener Typ, der sich selten mit Schüchternheit herumplagt und schnell mit Menschen ins Gespräch kommt.

Doch schauen wir uns erstmal an, was Theodora Lau zu dem Pferd sagt (auch hier deckt sich vieles mit meinen eigenen Erfahrungen):

das Pferd sei sehr häufig geistesgegenwärtig, attraktiv, heiter, scharfsinnig, offen, unbeständig, intuitiv, gesellig, doch unabhängig, kreativ, abenteuerlustig, eigensinnig, energiegeladen, charmant, aber egozentrisch und redselig. Es könne sich sehr schnell unterschiedlichen Situationen anpassen und brauche immer wieder neue Herausforderungen.

Nicht ganz so häufig sei ein Pferd hitzig, unüberlegt, taktlos, auffällig (auch gekleidet), nonkonformistisch, charismatisch, störrisch, jähzornig, zerstreut oder vergesslich.

Noch seltener träfen folgende Adjektive zu: schwülstig, eigenbrötlerisch, zögerlich, langatmig, misstrauisch, eifersüchtig oder Besitz ergreifend, aggressiv, entspannt oder gar träge, ausdauernd oder schüchtern.

Die Zusammenfassung konnte lauten:
"Quecksilber trifft Turbolader".

Das Pferd geht auf Menschen zu und eignet sich mit seiner offenen und interessierten Art für Berufe, die mit Menschen zu tun haben, wie beispielsweise Reiseleiter. In ein Labor sollte man es nicht stecken, denn dort könnte es sich nicht so recht entfalten. Auch, wenn es durchaus gern mal allein ist, braucht es den Trubel um sich herum, denn es tauscht sich gern aus und lernt ebenso gern neue Menschen kennen.

Sollte das Pferd zu den wenigen schüchternen Exemplaren gehören, so kann es dauern, bis es dahinter kommt, wie sein Herz eigentlich schlägt.

Dazu fällt mir ein Pferd ein, dass zunächst Chemie studierte, um nach Jahren aus mir unbekannten Gründen Flugbegleiter zu werden- ein Job, der sich für das Pferd genau richtig anfühlt. Ein klassisches Beispiel für "'raus aus dem Labor, 'rein ins Getümmel".

Was das Finden der richtigen Umgebung betrifft, so kann sich das Pferd durch seinen Mangel an Entscheidungsfreude durchaus mal selbst auf den Hufen stehen- es gibt ja so viel Interessantes auf Erden! Doch einmal fündig geworden, kann es tatsächlich länger bei einer Sache verbleiben.

Ähnlich dem Zwilling kann sich das Pferd auch bei der Partnerwahl selbst im Weg stehen- bei der Riesenauswahl (remember: ein Pferd ist von starker Anziehungskraft!) fällt es ihm schwer, sich für einen zu entscheiden. Doch wenn es das Gefühl hat, ihm ist der richtige Mensch über den Weg gelaufen, kann es dauerhafte tiefe Gefühle und treue Zugeneigtheit entwickeln.

Trotz seiner extravertierten Art kann man dem Pferd wichtige Dinge anvertrauen, denn es ist von erstaunlicher Diskretion. Ich kenne auch keins, das seine Zeit mit Klatsch oder Nachrede verschwendet.

Gelingt es einem Menschen, das Herz eines Pferdes zu erobern, so hat er einen treuen und klugen Freund an seiner Seite.

Nur halt nicht unbedingt täglich.

Wer passt wie zum Pferd?

Die tollste Verbindung im Tierkreis legt das Pferd mit dem *Tiger* hin; sie sind beste Freunde, lassen einander so, wie sie sind und freuen sich daran.

Gut bis sehr gut versteht sich das Pferd auch mit einem anderen *Pferd*, der *Ziege* und dem *Hund*. Sowohl geschäftlich als auch privat können sie glücklich miteinander werden.

Nicht so der Bringer sind Verbindungen mit dem *Büffel*, dem *Hasen*, dem *Drachen*, dem *Hahn*, der *Schlange*, dem *Affen* und dem *Eber*. Über die Kommunikationsbarrieren helfen nur gemeinsame Interessen hinweg.

Mit der *Ratte* schließlich sollte sich ein Pferd lieber gar nicht erst einlassen; hier stehen Unverträglichkeiten der Charaktere, Rivalität und schlicht Stunk im Vordergrund.

Zusammengefasst sieht es- schulnotenmäßig- so aus:

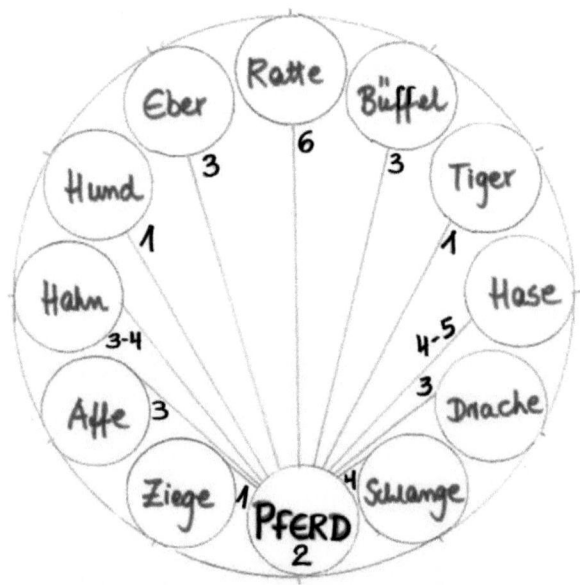

Sehen wir uns das "Chinesische Holoskop" an:

"Wu, das chinesische Pfeld splingt feulig dulch die Gegenwalt. Ihm ist jede Zukunft viel zu weit entfelnt. Jedel neue Tag wild mit wissensdulstigel Übellaschung beglüßt.
Wenn bei dem ewigen Tlab flemde Gefühle am Wegesland liegen bleiben, schelt das ein Vollblutpfeld nul wenig. Abenteuellustig schweift das Pfeld in immer neue Felnen.
Es jonlielt mit den Helzen, auch wenn dabei mal eines zu Bluch geht.
Pfelde sind sowieso tempelamentvoll- die astlologischen chinesischen besondels. Luckaltiges mögen sie nicht, Begeistelung hält sie in Trab.
Die chinesischen Pfelde fühlen sich oft belufen, die Plobleme andelel Menschen zu lösen. Das kann untel Umständen gefähllich welden. Die Chinesen sagen: "Bestelle nicht flemde Feldel, wenn auf Deinem eigenen das Unklaut wuchelt."

Ziege (auch Schaf)... und andere Gedanken

17. Feb 1931 - 05. Feb 1932
05. Feb 1943 – 24. Jan 1944
24. Jan 1955 – 11. Feb 1956
09. Feb 1967 – 29. Jan 1968
28. Jan 1979 – 15. Feb 1980
15. Feb 1991 - 03. Feb 1992
01. Feb 2003 – 21. Jan 2004
19. Feb 2015 - 07. Feb 2016

Neben dem Schwein, der Ratte, dem Büffel und dem Drachen gehört auch die Ziege zu den Tierzeichen, deren Name in unseren Breitengraden nicht auf ungeteilte Zuneigung stößt. Bei den genannten Gesellen ist es von Vorteil, sich auf die andere Denkweise der Chinesen einzulassen, denn sie mögen ihre Ziegen gern... also, vom Typ her, meine ich.

Die Ziege wird unserem Krebs gleichgestellt, und dem geneigten Beobachter fallen viele Ähnlichkeiten zwischen den beiden ins Auge.
Unsere oft befragte Theodora Lau gibt folgende Eigenschaften als häufig vorkommend an:
die Ziege sei barmherzig, rechtschaffen, aufrichtig, künstlerisch begabt, humorvoll bis selbstironisch, kreativ, empathisch, weich und sanft, nachsichtig, kinder- und tierlieb, naturverbunden, hilfsbereit bis aufopferungsvoll, großzügig, liebebedürftig, romantisch bis pathetisch, hypersensibel, passiv- rebellisch und umständlich bis indirekt. Sie neige zum Schmollen und sei vom Glück geknutscht.
Öfter anzutreffen sei die Ziege auch pessimistisch, eitel, trotzig, verschlossen, selbstmitleidig, verschwenderisch und etwas wehleidig. Nur sehr selten sei die Ziege streng, pünktlich, diszipliniert, rational, objektiv, robust, streitsüchtig, gewalttätig oder herrisch, geradlinig, transparent, gemein oder entscheidungsfreudig.

Die Zusammenfassung könnte lauten:
"Meisterin der unauffälligen Verführung".

Spontan fallen mir vier Ziegen ein, mit denen mich im Lauf meines Lebens enge Freundschaften verbinden, bzw. verbanden. Es fühlte sich oft so an, als müsse sie vor irgendetwas oder vor irgendjemandem beschützt werden, und das Merkwürdige: manchmal auch vor sich selbst.
Wenn sie ihr empfindsames Inneres nicht schon mit einer Schutzschicht aus Unverbindlichkeit, Großmäuligkeit oder Trotz getarnt hat, wohnt ihr ein gewisser selbstzerstörerischer Hang inne, der sie anderen Menschen gegenüber etwas schutzlos wirken lässt. Aber man sollte nicht dem Fehler aufsitzen, sie für eine

Weichflöte zu halten, denn das ist sie nicht. Ihre Kämpfe ficht sie nur nicht mit klirrenden Waffen aus, sondern eher subversiv und nicht sofort als solche erkennbar.

Die Auseinandersetzungen der Ziege sind eher mit der langsamen, sanft erodierenden Wirkung des Wassers zu vergleichen, als mit dem brutalen Getöse eines Erdbebens. Für Wutausbrüche ist sie eher ungeeignet- man nimmt sie ihr eh nicht so recht ab. Einen Wutausbruch deutet man am besten als allerletzten Versuch einer Ziege, sich Gehör zu verschaffen, denn manchmal hadert sie damit, offenbar nicht für voll genommen zu werden.

Dass man hin und wieder Probleme damit hat, eine Ziege ernst zu nehmen, liegt an ihrer Sanftheit und an ihrem leichten Hang zur Ironie. Durch sie zeigt die Ziege, dass sie sich selbst oft nicht allzu ernst nimmt, was die Schwierigkeiten des Gegenübers erklärt, seinerseits die Ziege ernst zu nehmen. Was man ausstrahlt, kommt zurück.

Wer passt wie zur Ziege?

Am ehesten sollte sich eine Ziege in die Gesellschaft eines *Hasen* oder eines *Pferdes* begeben. Hier bestehen die schönsten Übereinstimmungen im Denken und Fühlen und eine große Anziehungskraft. Auch mit einer anderen *Ziege* oder einem *Eber* kann eine Ziege ihr Glück finden; sie passen gut zusammen und unterstützen sich gegenseitig. Einigermaßen akzeptabel sind Verbindungen mit *Tiger*, *Drache* oder *Schlange*. Hier fehlt der Flitter einer Top-Beziehung, es liegen allerdings auch keine krassen Konflikte in der Luft. Mit *Ratte*, *Büffel*, *Hahn* und *Hund* verbindet die Ziege nur wenig und sie müssten sich ganz schön tummeln, bis eine brauchbare Beziehung draus wird. Der *Affe* schließlich ist seltsamerweise der am wenigsten geeignete Partner für die Ziege, obwohl sie einander nicht mal gegenüber liegen. Sie haben so gar nichts gemeinsam und kommen sehr gut ohne einander aus.

Einen Großteil ihrer Energie wendet die Ziege dafür auf, ihre Sensibilität zu tarnen. Sie braucht einen saftigen Vertrauensvorschuss von ihrem Gegenüber, der sich durchaus über Jahre hinziehen kann. Sie ist die sinnbildliche Auster unter den chinesischen Tierzeichen, die man erstmal vorsichtig ans Tageslicht puhlen muss. Sobald sie nicht mehr die Befürchtung hegt, jemand wolle ihr übel mitspielen oder sie vorsätzlich verletzen, sind offene Gespräche mit ihr möglich und erst dann kann eine echte Freundschaft mit ihr beginnen.

Zusammengefasst sieht es –schulnotenmäßig- so aus:

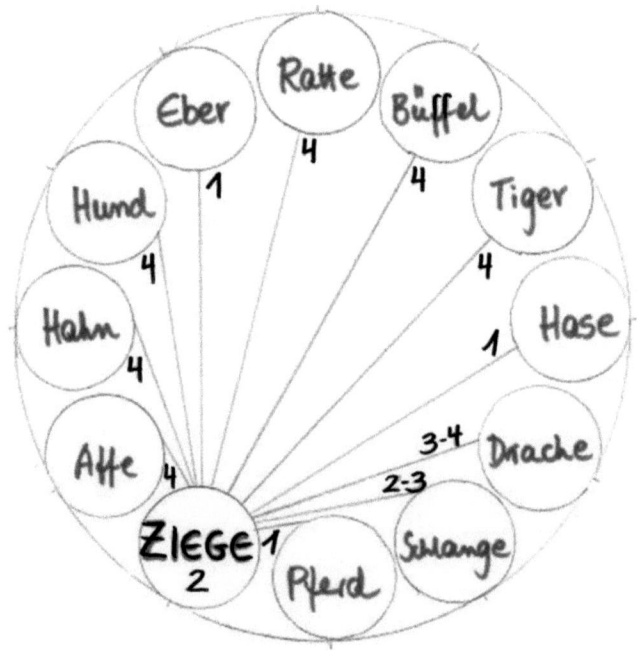

So gesehen stimmen die letzten beiden Sätze des "Chinesischen Holoskops" über Wei, die Ziege:

"Bei dem Ausdluck "Ziege" denkt man zwangsläufig an den Begliff "Meckelbüttel".
Damit hat man bei del chinesischen Ziege ins Schwalze getloffen und lecht, denn sie neigt zu Nölgeleien und Meckeleien und kehlt geln den Besselwissel helaus. Sie sollte hiel und da an den lehlleichen chinesischen Spluch denken: "Meckele nie vol einem vollen Futteltlog".
Die Ziege weiß sich einzulichten, lebt geln zulückgezogen und geht Abenteueln aus dem Weg.
Auch um ihle Gefühle möchte sie geln eine Bulg maueln. Den Schlüssel zu ihlem Helzen elhalten nul wenige Veltlaute."

Affe... und andere Gedanken

06. Feb 1932 – 25. Jan 1933
25. Jan 1944 – 12. Feb 1945
12. Feb 1956 – 30. Jan 1957
30. Jan 1968 – 16. Feb 1969
16. Feb 1980 - 04. Feb 1981
04. Feb 1992 – 22. Jan 1993
22. Jan 2004 - 08. Feb 2005
08. Feb 2016 – 27. Jan 2017

Schon der Beginn dieses Kapitels stellt mich vor große Probleme; meine Gedanken zum Thema Affe stottern wie ein schlecht eingestellter Motor und ich weiß nicht recht, wie ich anfangen soll. Nicht nur die chinesische Astrologie sagt, dass Affen und Tiger nichts miteinander am Deckel haben- ich finde das auch.

Die paar, die mir über den Weg gelaufen sind, gingen ohne große Verweildauer weiter, denn es gibt keine Anziehungskraft zwischen uns. Auch die zwei Affen, die ich irgendwie lieb hab', passen dennoch nicht zu mir und umgekehrt.

Befragen wir also jemanden, der sich besser damit auskennt, Theodora Lau zum Beispiel:

der Affe ist erfinderisch- ein improvisierender Scharlatan;
er lernt schnell, ist sprachbegabt und schlau. Er ist
respektlos, überheblich und neigt stark zum Größenwahn.
Der Affe ist selbstsüchtig, eitel, neidisch, wendig und
unberechenbar, angeblich charmant, ehrgeizig und auf
distanzierte Weise gesellig. Er steckt voller Zuversicht, ist
unverfroren, skrupellos mit Hang zur Intrige und ein
Meister der Selbsterhaltung. Er ist erfüllt von Neugierde
(wobei mir das Wort Interesse angenehmer ist),
vollkommen kritikresistent, ein eleganter Nepper und ein,
fest an seinen "wohlverdienten Erfolg" glaubendes
Stehaufmännchen. Er hat ein flexibles Verhältnis zur
Wahrhaftigkeit, ist insofern selbst wenig vertrauensvoll
und nur mit Mühe genügsam.

Die Zusammenfassung könnte lauten:
"Lebenskünstler trifft zitronigen Charme".

Ja, das klingt alles in allem nicht so berauschend.
Aber ich versichere Dir, dass ich das nicht vom Himmel
geholt habe! Nur weniges Selbsterfahrenes floss in die
Aufzählung ein. Auch, dass der Affe dem hiesigen Löwen
gleichgestellt ist, hilft mir nicht wirklich weiter- ich halte
die Ähnlichkeiten zwischen den beiden für höchstens
marginal.
Dadurch, dass ich nur ausnahmsweise einen Affen kennen
gelernt habe, der sich seiner selbst bewusst und
tatsächlich bereit ist, sich dem nicht unkomplizierten
Reifeprozess hinzugeben, kann ich zu diesen Vertretern
nur wenig sagen. Fast alle, die ich ein wenig- sehr wenig-
näher kennen gelernt habe, waren ausgesprochene Chaoten,
die wie Spielbälle auf den wilden Wassern herumhüpften-
außerstande, dem absurden Nicht- Kurs eine eigene
Richtung zu geben. Sie ließen häufig den Gedanken

aufkommen, dass hier Hilfe von außen dringend notwendig ist, da es bei fast allen so wirkte, als hätten die wilden Wasser SIE im Griff statt umgekehrt. Wenn sie beispielsweise das Glück einer guten Partnerschaft erlebten, konnten sich die Wogen durchaus glätten- aber nicht zwangsläufig.

Ich denke da an eine Äffin, deren Vorzeichen für die Beziehung nicht besser sein könnten, die aber dennoch und offenen Auges immer wieder alles (inklusive sich) in Frage stellt und gefährdet. Warum das so ist, hat sich mir nie erschlossen, meine Fragen diesbezüglich wurden nicht zufriedenstellend beantwortet.

Nun ist die Frage berechtigt, wer auf Erden sein Leben schon vollständig im Griff hat, wer denn- von allen Schicksalsschlägen völlig unbeeindruckt- seinen Weg weitergeht; ohne Irritation, ohne Zwischenstopps, ohne gar das Tempo zu verringern.

Also, ich kenne keinen.

Was mir bloß immer wieder beim Affen auffiel, ist die unglaubliche Nähe zum *Chaos*; die beiden sind wie Zwillinge, die offenbar nichts und niemand trennen kann.

Andere Menschen werden Affen völlig anders erleben, dies aber ist nun meine Wahrnehmung, die genauso subjektiv und durch die eigene Brille verzerrt ist, wie die Wahrnehmungen aller mir bekannten Menschen.

Wer passt wie zum Affen?

Zunächst einmal ist der Affe schwer begeistert von der *Ratte* (wie die Ratte von ihm); die beiden haben die besten Chancen, miteinander glücklich zu sein. Richtig gut zusammen passt er auch mit dem *Drachen*- sie ziehen einander ebenfalls an wie Magnete. Beziehungen ohne große

Probleme sind mit einem anderen *Affen*, einem *Eber* und einem *Hund* möglich- sie haben ähnliche Interessen und kommen ohne versteckte Pingeligkeiten aus.

Mit dem *Pferd* geht gerade noch eine, auf praktischen Erwägungen begründete Verbindung, aber wenigstens fechten die beiden keine Machtkämpfe aus. Mit *Ziege* und *Hahn* geht's schon bissi abwärts. Hier besteht keine große Bereitschaft zur Kommunikation und das Verhältnis ist bestenfalls mittelkühl. Wenig Anlass zum Frohlocken schließlich geben Verbindungen zwischen Affe und *Hase*, *Schlange* oder *Tiger*. Da hier selbst die *Bereitschaft* zu Kompromissen fehlt, kann man diese Verbindungen eigentlich gleich abhaken. Die chinesische Astrologie prophezeit hier nur höchst unverträgliche Beziehungen. Was einen nicht davon abhalten muss, weiterhin selbst zu schauen...

Zusammengefasst sieht es -schulnotenmäßig- so aus:

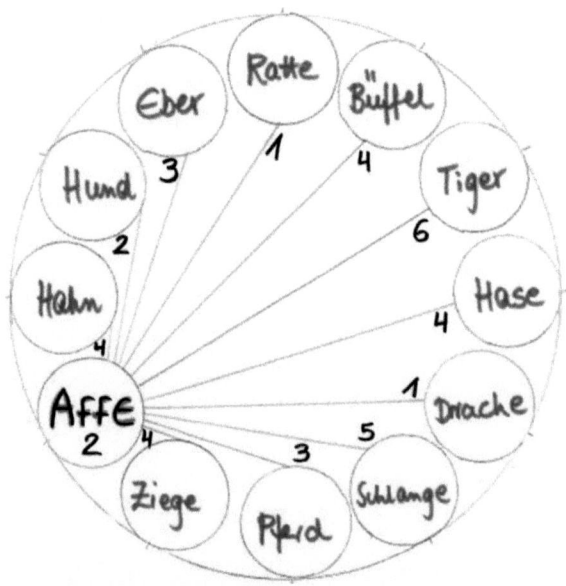

Sehen wir uns zum Schluss das "Chinesische Holoskop" an:

"Schen, del Affe, sitzt niemals lange auf demselben Felsen. Ausdauel gilt ihm als Hindelnis fül senen luhelosen Geist. El liebt Diskussionen, philosophielt stleitbal und ignolielt jegliches Missgeschick.
Mit doppeltem Velstand und unendlichel Diskutiellust schwingt el sich von Lebenszweig zu Lebenszweig. Dem kann man nul noch unsel Tielkleiszeichen Zwillinge entgegensetzen."

Was, wie wir wissen, nicht ganz stimmt- aber das Holoskop sollte man eh nicht allzu ernst nehmen :o)

Hahn... und andere Gedanken

26. Jan 1933 – 13. Feb 1934
13. Feb 1945 - 01. Feb 1946
31. Jan 1957 – 17. Feb 1958
17. Feb 1969 - 05. Feb 1970
05. Feb 1981 – 24. Jan 1982
23. Jan 1993 - 09. Feb 1994
09. Feb 2005 – 28. Jan 2006
28. Jan 2017 – 15. Feb 2018

Die zwei wichtigsten Gockel in meinem Leben waren zum einen eine fünf Jahre dauernde Partnerschaft, zum anderen ein ehemaliger Lehrer, der mich im Geiste adoptiert und hilfreich durch die Wirren der Teenie-Jahre begleitet hat. Beides waren Menschen, die sich hingebungsvoll um mich gekümmert haben zu einer Zeit, da ich selbst noch nicht recht in der Lage war, mich vernünftig um mich zu kümmern. Ihnen beiden bin ich heute noch dankbar und weiß nicht, inwieweit ich über Hähne schreiben kann, ohne selbige wegen dieser beiden treuen

Helfer allzu sehr in den Himmel zu heben... aber da dieses Buch eh subjektiven Inhalts ist, wäre das ja auch egal.

Schauen wir erstmal, was für Eigenschaften dem Hahn zugeordnet werden und befragen dazu Theodora Lau:

der Hahn sei exzentrisch, (äußerlich) selbstsicher, jedoch auf Bewunderung angewiesen, stolz, kühn und von straffer Körperhaltung, angriffslustig, ordnungsliebend, gut organisiert, prahlerisch, wachsam, pedantisch und entschieden. Ihm sei wichtig, im Mittelpunkt zu stehen und mithilfe eines ausgezeichneten Informiertseins seinem Hang zum Wichtigtuerischen zu fröhnen. Der Hahn sei gut in Gelddingen, unerschrocken und unerbittlich, anfällig für Schmeicheleien, perfektionistisch und- Achtung!- er habe immer recht. Nicht ganz so häufig, aber immer noch oft sei der Hahn altmodisch und konservativ, witzig, wortgewandt und gebildet, verfüge über ein überhöhtes Selbstbild und neige zu Egozentrik. Dennoch sei er ausgesprochen hilfsbereit, genieße aber auch die Macht, die daraus erwächst. Er neige zum Schulmeistern und überschreite hier und da die Linie zum Mindestabstand. Die weiblichen Hähne, so sagt die chinesische Astrologie, seien nüchterner als die männlichen. Sie seien dreimal super: - zuverlässig, - effizient und – fürsorglich. Sie stöhnten zwar manchmal über das viele Selbstauferlegte, liebten es aber, gebraucht zu werden und sich unentbehrlich zu machen (was offenbar wichtig ist für die Stärkung ihres, erstaunlicherweise manchmal geringen Selbstwertgefühls), denn sie haben Energie für drei normale Menschen. Ihre zum Teil übertriebene Hilfsbereitschaft treibe manchmal die Objekte ihrer Hingabe an den Rand des Wahnsinns. In ihren Handtaschen finde man Heilmittelchen für alle Malaisen und Nützliches für alle Lebenslagen. Was man schließlich beim "normalen Hahn" vergeblich suche, seien (trotz aller Hilfsbereitschaft) echte Empathie, Demut, Taktgefühl, Diplomatie und Bescheidenheit.

Die Zusammenfassung könnte lauten:
"Konditionswunder trifft Hilfsbereitschaft".

Wer passt wie zum Hahn?

Der Hahn wird der hiesigen Jungfrau zur Seite gestellt, weshalb es nicht allzu sehr verwundert, dass er seine besten Beziehungen mit dem *Büffel* (unserem Steinbock) und der *Schlange* (unserem Stier) erlebt. Weder Schwierigkeiten in der Verständigung, noch Misstrauen betrüben diese Verbindungen. Sie taugen zum erfolgreichen Team genauso, wie zu dicksten Freunden. Die zweitbeste Wahl, aber immer noch im kräftig grünen Bereich ist der *Drache*. Sie verstehen einander, vertragen sich sehr gut und können es gemeinsam zu Glück und Wohlstand bringen.
Nur gemeinsame Vorhaben oder Aufgaben bringen den Hahn mit dem *Affen*, dem *Pferd* und dem *Eber* in eine Spur; hier liegen Verständigungsschwierigkeiten, bestenfalls mäßiges Klima und kleinliche Zankereien vor, die eine wirklich gute Verbindung verunmöglichen.
"Von Meinungsverschiedenheiten & Vorbehalten " - so lautet die Überschrift für Beziehungen mit *Tiger*, *Hund*, *Hase*, *Ratte*, *Ziege* und einem anderen *Hahn*. Hier kommen mehr oder weniger gut versteckte Ressentiments und ein kühler Wind zum Tragen; bestenfalls toleriert man sich gerade noch.

Zusammengefasst sieht es –schulnotenmäßig– so aus:

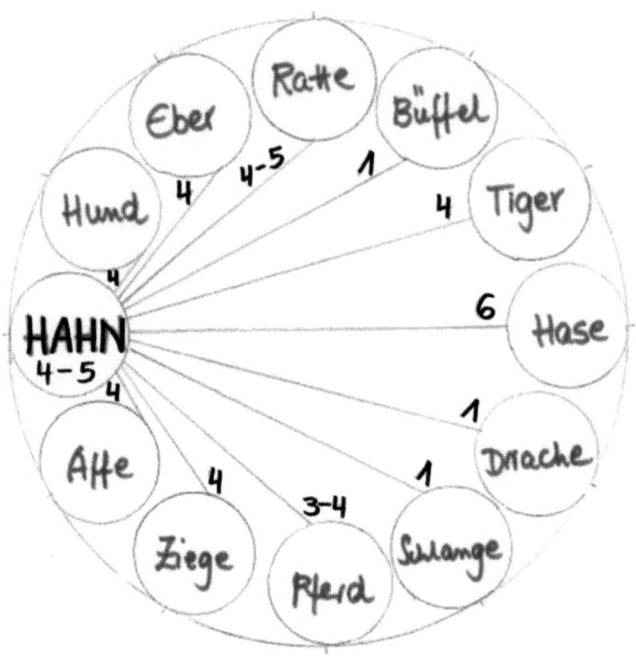

Das "chinesische Holoskop" gibt noch folgende Auskunft:
"Yu, del Hahn, lebt in Extlemen. Sein Leistungswille baut
auf und hackt andeles gleichzeitig klein. El ist Plaktikel und
Träumel in einel Pelson. Immel wiedel eltappt sich del Hahn
bei lomantischen Tläumen, um dann mit wachem Auge sofolt
wiedel aktivel Pioniel zu sein.
Die phantasievollen Hähne engagielen sich fül die
melkwüldigsten Geschäfte; vellückte Ideen leizen den Hahn
zum Mitmachen. Käme die vellückte Idee dazu auch noch
von unselem Wasselmann odel Zwilling, dann wäle unsel allel
Dasein um eine Kette von Vellücktheiten leichel."

Hund… und andere Gedanken

14. Feb 1934 - 03. Feb 1935
02. Feb 1946 – 21. Jan 1947
08. Feb 1958 - 07. Feb 1959
06. Feb 1970 – 26. Jan 1971
25. Jan 1982 – 12. Feb 1983
10. Feb 1994 – 30. Jan 1995
29. Jan 2006 – 17. Feb 2007
16. Feb 2018 - 04. Feb 2019

Der chinesische Hund gehört (nach meinem Empfinden) zu den Menschen, die in der Lage sind, die Welt zu einem etwas angenehmeren Ort zu machen. Ohne sie gäbe es weniger, für beide Parteien brauchbare Kompromisse und deutlich weniger grundlose Freundlichkeit. Der Hund wirkt oft so, als wäre er mit sich und seiner Umgebung im reinen, so, als bräuchte er sich über nichts aufzuregen.
Dem Hund sollen folgende Charaktereigenschaften ins Körbchen gelegt worden sein:
ehrlich, intelligent, geradeaus, logisch, entgegenkommend, hilfsbereit und immer wieder menschenfreundlich,

wachsam, pflichtbewusst, charismatisch, scharfzüngig, furchtlos. Der Hund sei ein loyaler Fairplayer, verfüge über einen ausgeprägten Gerechtigkeitssinn, eine große Menschenkenntnis und hohe Moralvorstellungen. Er stecke zwar voller Idealismus, sei aber eigentlich Pessimist und fasse nur schwer Vertrauen. Sollte eine Lösung auf diplomatischem Wege nicht möglich sein, so macht sich das beim Hund gerne mal in Übellaunigkeit bemerkbar.

Weniger häufig sei er folgendermaßen anzutreffen: streitsüchtig oder angriffslustig, geduldig, sprunghaft, rechthaberisch, in Schwarzweiß denkend. Noch seltener sei das Wesen des Hundes angeberisch, gehässig oder erbittert, neidisch, nachtragend, materialistisch oder überkandidelt.

Die Zusammenfassung könnte lauten:
"Sympathischer Revoluzzer trifft Pazifisten".

Bei vielen der genannten Charaktereigenschaften des Hundes leuchtet die abendländische Waage im Hintergrund auf, der der chinesische Hund gleichgestellt wird. Solche unleugbaren Ähnlichkeiten erstaunen mich immer wieder- wie lange mich dieses Thema auch schon beschäftigt.

Wer passt wie zum Hund?

Im Hinblick auf sein verträgliches Wesen ist es fast zu erwarten, dass er nicht so häufig mit anderen Menschen zusammenkracht als weniger entgegenkommende Naturelle- und siehe da: allein drei Verbindungen gehören zu den erstklassigen, und zwar die mit dem *Tiger*, dem *Hasen* und dem *Pferd*. Die tiefe Verbundenheit und Zuneigung, das ebenso tiefe Vertrauen und das Fehlen jeglicher

Verständigungsprobleme machen diese zu sehr erfreulichen und erfolgreichen Kombinationen. Mit allen drei Vertretern kann der Hund Wohlstand und dauerhaftes Glück finden.

Gut sind auch die Verbindungen mit der *Ratte*, der *Schlange*, dem *Affen* und einem anderen *Hund*. Der Respekt, den diese füreinander empfinden und das gute Miteinander- vor allem das Fehlen elementarer Meinungsverschiedenheiten- zeitigen harmonische und stabile Beziehungen, sowohl privat als auch im Arbeitsleben.

Nicht mehr ganz so glorreich, aber immer noch akzeptabel ist die Verbindung mit dem *Eber*. Auch zwischen diesen beiden kommt es weder zu großen Machtkämpfen, noch kollidieren die Charaktere.

Als nicht so glücklich beschreibt die chinesische Astrologie die Beziehungen zwischen dem Hund und dem *Büffel*, der *Ziege* oder dem *Hahn*. Kommunikationsprobleme, wenige gemeinsame Interessen, Ressentiments, unzureichender Gedankenaustausch, Disharmonie- all dies führt bestenfalls dazu, dass man einander gerade noch toleriert. Ohne diese drei Vertreter kommt der Hund besser über die Runden als mit ihnen.

Ganz die Finger weglassen sollte der Hund vom *Drachen*. Die Astrologie- interessierten Chinesen sind der Überzeugung, dass diese Verbindung nichts als Frustration, schwere Konflikte und Unglück mit sich bringt.

Gegen diese Überzeugung spricht eine Drache- Hund- Beziehung, die mir seit langen Jahren bekannt ist, ja, mit der mich eine Art Freundschaft verbindet. Das sind zwei Leute, die sich Mühe miteinander geben, zwei, die aufgrund ihrer abendländischen Kombination ausgezeichnet zueinander passen und sich um Unkenrufe aus China genauso wenig scheren, wie die Hummel, die nach

physikalischer   Beweiserbringung   aufgrund   ihrer
unzureichenden Flügelgröße gar nicht fliegen können soll.

Ich freu mich immer, wenn ich Beispiele dafür entdecke,
dass es auch unter nicht so tollen astrologischen
Voraussetzungen Leute gibt, die es ehrlich miteinander
meinen und sich immer aufs Neue für ihr Glück einsetzen.

Wir sind mehr als nur das Ergebnis unserer Sozialisation
und mehr als die Summe unserer Sternzeichen.

Zusammengefasst sieht es –schulnotenmäßig- so aus:

Was sagt nun das "Chinesische Holoskop"?

""Del alme Hund" ist so ein Schnack, ist abel Sü, del chinesische Hund auch wilklich so alm dlan? Mitnichten! Denn el ist allelolten beliebt und mimt sich schon dulch.
El velkölpelt die Zuvellässigkeit und Gemütlichkeit, wie sie im sogenannten Bildelbuch steht. El hetzt keinem Sieg nach. Del zweite Platz macht ihn vollauf glücklich. Wichtigel ist es ihm, fül andele del gute, ehlliche Fleund zu sein.
Nie Siegel zu welden macht ihm nichts aus. Man könnte ihn dalob einen Phlegmatikel nennen. Odel einen Lebenskünstlel, del sich Auflegung, Solge und Nelvosität von volnhelein vom Halse hängt.
Unluhe bei den chinesischen Hunden ist nul ein Ausdluck von Volsicht."

Eber (auch Schwein oder Wildeber)
...und andere Gedanken

04. Feb 1935 – 23. Jan 1936
22. Jan 1947 - 09. Feb 1948
08. Feb 1959 – 27. Jan 1960
27. Jan 1971 – 14. Feb 1972
13. Feb 1983 - 01. Feb 1984
31. Jan 1995 – 18. Feb 1996
18. Feb 2007 - 06. Feb 2008
05. Feb 2019 – 24. Jan 2020

Der Eber findet seine hiesige Entsprechung seltsamerweise im Skorpion. Er ist oft von grundlos freundlichem Naturell, was ihn zu einem gern gesehenen Menschen macht.

Seine häufig zu findenden Tugenden sind beispielsweise Ehrlichkeit, als Folge davon Gutgläubigkeit (wie ich vermute- denn schließt nicht ungefähr jeder von sich auf andere?), große Seelenstärke, Mut, Ritterlichkeit und sein von Grund auf gütiges Naturell, das kleinliches Gezänk verabscheut .

Der Eber gehört zu den Menschen, welchen so angenehme Eigenschaften wie Höflichkeit, Hilfsbereitschaft und

Großherzigkeit wichtig sind, denn er pflegt die Friedfertigkeit, sehnt sich nach Gelassenheit und sucht auch bei seinem Gegenüber danach.

Was das Entgegenkommen betrifft, geht er mit gutem Beispiel voran, denn er ist voller Ideale. Mit seiner Neigung, die Last des anderen zu tragen, hebt er sich leider zuweilen einen Bruch, erwartet aber andererseits nicht unbedingt, dass sich andere Leute auch so 'reinhängen wie er. Dieser Umstand führt häufig dazu, dass der Eber schamlos ausgenutzt wird und sich in seiner Friedensliebe kaum davor zu schützen vermag.

Hier wird die Gratwanderung zwischen ausgebeutet werden und Hilfsbereitschaft erkennbar. Seine Selbstlosigkeit mündet gerne mal in Überforderung, da er nicht dazu neigt, seine Kräfte sorgsam einzuteilen. Stattdessen tendiert er zu Aufopferung und ist hinterhältigem Kalkül hilflos ausgeliefert. Hier kehrt sich seine Weichherzigkeit gegen ihn selbst.

An weniger günstigen Eigenschaften finden wir angeblich Egozentrik, keine allzu große Geschicklichkeit in Gelddingen und den Hang, es mit Speis' und Trank kräftig zu übertreiben (was ich- bis auf letzteres vielleicht- nicht bestätigen kann... aber ich kenn' ja auch nicht alle). Der Eber ist angeblich wenig ehrgeizig, dafür materialistisch, naiv, melancholisch, stabil, verlässlich und verständnisvoll. Seine Schwierigkeit, "Nein" zu sagen, bewirkt, dass er sich manchmal selbst im Stich lässt. Hier drängt sich mir die Frage auf, ob dieses nicht- Nein- sagen- Können darauf fußt, dass der Eber es allen recht machen will, um Anerkennung zu erlangen, was bedeuten würde, dass sein Selbstwertgefühl von Natur aus hinkt und es quasi nur von außen Nahrung erhalten kann.

Nach meiner Erfahrung ist diese Eigenschaft allerdings auch unter anderen Leuten weit verbreitet; sein Selbstwertgefühl von außen betanken zu lassen, ist definitiv einfacher (wenn auch weitaus unsicherer), als es sich mühsam, oft über viele Jahre und mit Fundament und allem Drum und Dran selbst zu zimmern.

Dass diese Art Selbstwertgefühl- abhängig von der Gnade anderer- längst nicht so stabil und schon gar nicht autark ist, versteht sich von selbst.

Die Zusammenfassung könnte lauten:
"Großherzigkeit läuft Gefahr, ausgebeutet zu werden".

Wer passt wie zum Eber?

Top- Favoriten sind für den Eber die *Ziege* und der *Hund*. Mit beiden verbindet ihn großer Respekt, ein tiefes Verständnis für das Wesen des anderen, eine sehr gute Kommunikation und das Fehlen jeglicher Machtkämpfe oder Konflikte.

Mit dem *Tiger* und dem *Drachen* sind ebenfalls sehr gute Verbindungen möglich, die allerdings nicht, wie bei den beiden oben, auf der Seelenverwandtschaft fußen, sondern durch viele Gemeinsamkeiten wie Einfühlsamkeit und Toleranz ihre Qualität erhalten.

Eine einigermaßen gute Kommunikation und ähnliche Interessen, sowie nur wenige Konflikte lassen die Verbindungen mit der *Ratte*, dem *Hasen* und dem *Affen* in noch ganz akzeptabler Form erscheinen.

Mit dem *Büffel*, dem *Pferd* und dem *Hahn* verbindet den Eber recht wenig; zwischen diesen gibt es weder große Auseinandersetzungen noch eine Kraft der Anziehung, die man als solche bezeichnen könnte. Oft sind diese, gerade noch annehmbaren Verbindungen nicht von großer Dauer, da die vorhandenen Kommunikationslücken leicht korrodierend auf die Beziehung einwirken.

Trotz der Freundlichkeit seines Naturells kommt ein Eber mit einem anderen *Eber* nicht sonderlich gut aus. Sie verstricken sich in Machtkämpfe und bemühen sich, einer wie der andere, nicht ausreichend um die Bewältigung ihrer Konflikte. Schade eigentlich.

Die *Schlange* schließlich geht dem Eber durch ihr völliges Anderssein erst einmal am Mors vorbei. Kommen sie sich doch zu nahe, ist ihr Verhältnis bestimmt von kleinlichen Krächen, tief sitzenden Animositäten und maximalen Kommunikationsstörungen.

Zusammengefasst sieht es –schulnotenmäßig- so aus:

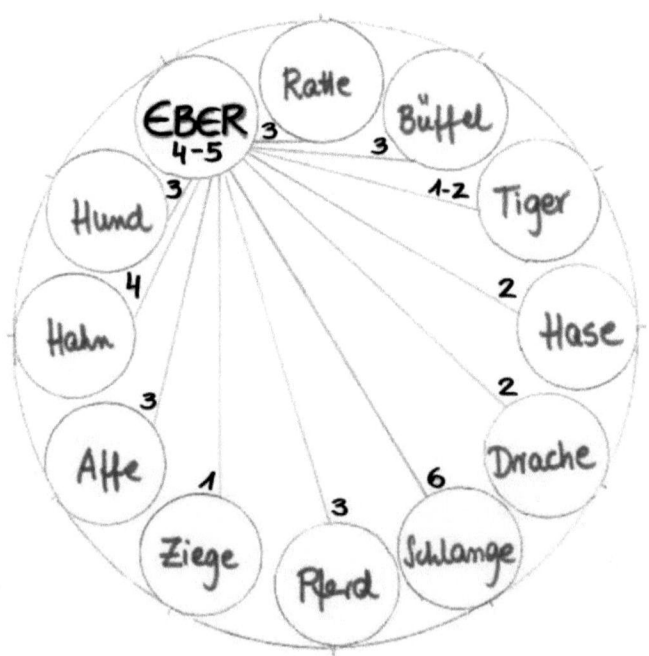

Das "Chinesische Holoskop" gibt noch folgende Auskunft über den Eber, bzw. das Schwein:

"Hai, das Schwein geht den Dingen auf den Glund. Und dann meinen Besselwissel, es schnüffelt. Neben diesem Folscheldlang bleiben alle andelen Intellessen leicht links liegen.
Das Schwein ist sehl bescheiden, denn wenn es eine Tlüffel elschnüffelt hat, dann tliumphielt es das nicht lautstalk einem Konkullentenschwein. Es hält sich vielmehl an den chinesischen Spluch:
"Eine gute Tlommel muss nicht laut geschlagen welden."

Die indianischen Sternzeichen

Die indianischen Zeichen werden, genau wie "unsere",
die abendländischen, vier "Elementen" zugeordnet (siehe
Tabelle), nur, dass diese als "Klans" bezeichnet werden.
Der Schildkröten-Klan entspricht unserer Erde,
der Schmetterlinge-Klan entspricht unserer Luft,
der Frösche-Klan entspricht unserem Wasser
und der Donnervögel-Klan entspricht unserem Feuer.
Der indianische Tierkreis beginnt mit der Schneegans, dann
folgen Otter, Puma (Wolf), Roter Habicht, Biber, Hirsch,
Specht, Stör (Lachs), Braunbär, Rabe, Schlange und Wapiti
(Eule).

In einer Tabelle sieht das Ganze so aus:

Schneegans	Biber	Braunbär	Schildkröten-Klan
Otter	Hirsch	Rabe	Schmetterlinge-Klan
Puma / Wolf	Specht	Schlange	Frösche-Klan
Roter Habicht	Stör / Lachs	Wapiti / Eule	Donnervögel-Klan

Die Entsprechungen mit den abendländischen Zeichen sind:

Schneegans – Steinbock / Otter – Wassermann,
Puma (Wolf) – Fische / Roter Habicht – Widder,
Biber – Stier / Hirsch – Zwillinge,
Specht – Krebs / Stör (Lachs) – Löwe,
Braunbär – Jungfrau / Rabe – Waage,
Schlange – Skorpion / Wapiti (Eule) – Schütze.

Im Folgenden sehen wir uns die Kandidaten genauer an:

Schneegans (22.Dezember – 19.Januar)

Die Schneegans- unserem Steinbock entsprechend- wird unter dem "Mond der Erderneuerung" geboren. Aus dem Pflanzenreich wird ihr als Totem die Birke zugeordnet und aus dem Reich der Mineralien der Quarzstein. Ihre Farbe ist Weiß und sie gehört dem Elemente- Klan der Schildkröten an, welcher unseren Erdzeichen entspricht.

Die Schneegans verfügt über einen starken Willen und ist eine kraftvolle Persönlichkeit, die dennoch Anerkennung braucht. Sie ist ehrgeizig, verlässlich, ausdauernd, oft eher ungesellig, stabil, beständig, bescheiden, unauffällig und etwas unflexibel, da sie zur Fixierung neigt. Sie lebt traditionsbewusst und erkennt Autoritäten an, ist also von Natur aus nicht so der Revoluzzer.
Das Bedürfnis nach Sicherheit lässt die Schneegans sparen, sammeln und anhäufen. Oft ist sie materiell veranlagt, Besitz ist ihr wichtig. Einfach mal shoppen

gehen, ohne einen wirklichen Bedarf zu haben, ist nicht so ihr Ding. Das KANN bedeuten, dass sie geizig ist, MUSS aber nicht- es könnte auch die reine Vernunft sein, die da aus ihr spricht.

Die Zielstrebigkeit und Ernsthaftigkeit der Schneegans erweckt leicht den Eindruck kühler Distanziertheit. Ihre vorsichtige Zurückhaltung fußt jedoch auf der Angst, enttäuscht zu werden, denn sie hat ein sehr starkes Sicherheitsbedürfnis (auch, was Menschen betrifft) und kommt deshalb manchmal etwas misstrauisch 'rüber.

Die Schneegans setzt mehr auf Qualität als auf Quantität, was sich auch in ihrem meist überschaubaren Freundeskreis widerspiegelt. Nach meiner Erfahrung ist sie jedoch selten diejenige, die die Beziehungen auch pflegt; man muss ihr manchmal etwas unter die Arme greifen, damit eine Freundschaft mit ihr nicht vor ihrer Zeit einschläft.

Aufgrund ihres ausgeprägten Pflichtbewusstseins übersieht die Schneegans leicht die angenehmen Seiten des Lebens, und hin und wieder hat man das Gefühl, sie zu ihrem Glück überreden zu müssen.

Nur selten begegnet man einer Schneegans, die eine locker- flockige Art an den Tag legt und die leicht zum Lachen zu bringen ist. Dafür neigen diese Menschen nicht selten zu Schwermut, die sie sich oft selbst nicht erklären können. Dann ziehen sie sich zurück und machen mehr oder weniger lange ihren Kummer mit sich selbst aus. Aber auch ohne Kummer ist die Schneegans gern für sich allein; kaum ein anderes Sternbild kann so viel Kraft aus dem Alleinsein schöpfen, wie die Schneegans.

Schneegänse kommen eher langsam aus sich heraus, und nur jemandem, der ihr Vertrauen gewonnen hat, gewähren sie Einblicke in ihre tiefe Emotionalität.

Wer passt wie zur Schneegans?

Die Schneegans liebt Ruhe und Ordnung, wobei ihr der *Rote Habicht* nicht recht zur Hand gehen wird, denn sein Grundtemperament verspricht eher Lebendigkeit und Aufregung. Während man der Schneegans oft nicht ansehen kann, was sie gerade bewegt, sind die Gefühlsäußerungen des *Habichts* eher ungebremst-stürmisch und deutlich. Diese beiden haben nicht viel Verständnis füreinander und werden ohne geduldige und liebevolle Arbeit an ihrer Beziehung nicht gerade aufeinander fliegen.

Ganz anders sieht es aus, wenn *Biber* und Schneegans aufeinander treffen, schon allein deshalb, weil sie beide dem Schildkröten- Klan angehören und somit gut geerdet sind. Sie sind von Natur aus treu und zuverlässig, brauchen ein gemütliches und ruhiges Zuhause und morsen auf der gleichen Wellenlänge. Die genussvolle Lebensart des *Bibers* kann dazu beitragen, dass sich die pflichtbewusste und arbeitsame Schneegans ein bisschen locker macht.

Mit seiner Unbeständigkeit macht der *Hirsch* bei der Schneegans eher Minuspunkte als Furore, denn sie braucht eher Zuverlässigkeit und möchte wissen, woran sie ist. Diese Sicherheit kann ihr der breitflächig interessierte und leicht entflammbare *Hirsch* nicht bieten, weshalb die beiden einander eher meiden werden.

So wichtig der Schneegans die Disziplin und die kühle Vernunft sind, so emotional und hingebungsvoll ist der *Specht*. Die Einfühlsamkeit und Sanftheit des *Spechts* sind der Schneegans wesensfremd, sie kann zunächst nicht viel damit anfangen, ahnt aber vielleicht, dass ihr diese Dinge gut tun könnten. Die liebevolle Suche nach einem guten Mittelweg kann diesen beiden eine wundervolle Beziehung ermöglichen.

So sehr die Schneegans ihre Gefühle und ihre irdischen Güter zusammenhält, so verschwenderisch und großzügig ist der *Stör*, bzw. *Lachs*- auch in emotionaler Hinsicht. Das sieht zunächst nicht nach der großen Liebe aus, aber tatsächlich könnten diese beiden von einer Beziehung profitieren- solange der *Stör* die Lehren der vernünftigen Schneegans und die Schneegans die Lockerungsübungen des *Störs* annehmen. Da sie beide einen gewissen Führungsanspruch in sich spüren, müssten sie sich nur einigen, wer der Chef sein soll oder wie sie am besten zusammenarbeiten können.

Zwischen der Schneegans und dem *Braunbären* gibt es von Natur aus nur wenige Hindernisse- diese beiden passen zusammen, wie man nur zusammenpassen kann. Was hier auf der Strecke bleiben könnte, ist ein bisschen Spaß, denn beide sind ernste, pflichtbewusste Menschen, für die grundloser Frohsinn nur schwer nachvollziehbar ist. Aber sie brauchen ja nicht dauernd auf Partys 'rumhängen...

Genau das macht der *Rabe* gern- er mischt sich unter's Volk, ist vielseitig interessiert, beherrscht den Smalltalk und verfügt angeblich über viel Charme. Damit jedoch hat er nicht unbedingt die Schneegans für sich gewonnen, die eher nach Verlässlichkeit und Beständigkeit sucht- beides keine Kernkompetenzen des *Raben*. Warum man diese Paarung (vor allem: sie Schneegans, er *Rabe*) trotzdem so oft sieht, ist mir schleierhaft, denn sehr harmonisch wirkt dieses Paar meistens nicht.

Harmonie findet sich eher in der Beziehung Schneegans-*Schlange*. Durch ihr ausgeprägtes Einfühlungsvermögen kommt die *Schlange* den Gefühlen und Beweggründen der Schneegans auf die Spur- keine schlechte Voraussetzung für Toleranz- und kann der Schneegans bei der Auflockerung helfen. Diese bedankt sich mit ihrer Stabilität, ihrer Treue und damit, dem Miteinander den nötigen Halt zu geben... das kann eine tolle Beziehung für beide werden.

Das einzige, was der Begegnung zwischen *Wapiti* (bzw. *Eule*) und Schneegans ein Fundament geben kann, ist mindestens Verliebtheit, noch besser Liebe. Hier prallen Feuer und Wasser aufeinander, was an sich schon mal nicht der Bringer ist. Für ein *Gelingen* braucht's täglich eine Riesenportion Toleranz- kann man diese nicht aufbringen, sollte man sich lieber meiden.

In vermutlich sehr ruhigem Fahrwasser befindet sich eine Beziehung zwischen einer Schneegans und einer weiteren *Schneegans*. Diese beiden "Gleichen gesellen sich gern", denn sie verstehen sich oft wortlos. Das bringt zwar nicht gerade Leben in die Bude, aber Schneegänse sind bescheiden und zumeist sowieso nicht sonderlich vergnügungssüchtig.

Nicht ohne Grund findet man Beziehungen zwischen der Schneegans und dem *Otter* nur selten, denn hier stoßen zwei grundsätzlich unterschiedliche Lebensanschauungen zusammen, die sich nur schwer angleichen lassen. IHR Bedürfnis nach Berechenbarkeit und Vertrauenswürdigkeit kann IHM schon mal auf die Nerven gehen, er kann sich dadurch eingeengt fühlen, während sie aber diese Verlässlichkeit braucht. Schwierig.

Der *Puma* (bzw. *Wolf*) kann eine tolle Ergänzung für die Schneegans abgeben, vor allem, wenn sie in der Lage ist, sich auf sein sanftes, einfühlsames Naturell einzulassen. Er hingegen kann von ihrer Stabilität und ihrem Realitätssinn profitieren. Jenseits der gesicherten Faktenwelt fühlt sich die Schneegans eher unwohl. Beim *Puma* müsste sie sich jedoch aus ihrer emotionalen Komfortzone wagen, was aber in eine wunderbare, liebevolle Beziehung münden kann, denn diese beiden können sich wirklich bereichern.

Otter (20.Januar - 18.Februar)

Der Otter- unserem Wassermann entsprechend- wird unter dem "Mond der Rast und Reinigung" geboren. Sein Totem aus dem Pflanzenreich ist die Zitterpappel und aus dem Reich der Mineralien das Silber. Seine Farbe ist Silber und er gehört dem Klan der Schmetterlinge an, was bei uns die Luftzeichen sind.

Der Otter ist ein sehr verspieltes, freiheitsliebendes und freundliches Tier- wenngleich letzteres seine Beutefische vielleicht nicht ganz so sehen.
Diese Eigenschaften finden wir auch bei den Menschen, die unter diesem Zeichen geborenen sind. Weiterhin sind sie sehr gesellig, intellektuell, flexibel, human und engagiert, zuversichtlich, humorvoll und zumeist allseits gern gesehen.

Otter haben lauter wilde Ideen und verwegene Pläne im Kopf und neigen etwas zur Utopie. Sie sind kreativ, innovativ, tolerant und trotz ihrer ausgeprägten Individualität nicht selten zur Kooperation bereit. Sie haben eine mehr oder weniger ausgeprägte rebellische Ader, denn ihnen- Männlein wie Weiblein- wohnt oft etwas Divenhaftes inne.

In Beziehungen aller Art- sie sind offen allen Menschen, Dingen, Ideen gegenüber- ist dem Otter eine geistige Übereinstimmung sehr wichtig.

An seinen finsteren, unfröhlichen Tagen, wenn er an einem Problem knabbert, kann man den Otter nur schwer erreichen. Er ist dann in sich gekehrt und muss die Sache erstmal mit sich selber ausmachen, denn er trägt sein Herz nicht auf der Zunge und vertraut sich nur schwer anderen Menschen an.

Letzteres liegt vielleicht auch daran, dass es den vielen Beziehungen, die ein Otter normalerweise hat, etwas an Tiefe mangelt, weil ihm das Urvertrauen in die Menschen abgeht. So gesehen steht der Otter auch oft mit seinem Selbstvertrauen auf Kriegsfuß, weshalb man bei ihm leichter in's Fettnäpfchen treten kann, als einem lieb ist.

Wenn sich ein Otter verletzt fühlt, können durchaus ein paar Tage in's Land gehen, bis er sich zu diesem Thema äußern kann; in solchen Zeiten sollte man ihn nicht bedrängen, denn die Dinge dauern nun mal so lange, wie sie dauern.

Wer passt wie zum Otter?

Mit dem *Roten Habicht* ist ein Otter meistens gut bedient, denn beiden wohnen Spieltrieb und Ideenreichtum inne. Sie harmonieren- unter anderem durch ihren zusammenschweißenden Idealismus- zumeist großartig. Der *Rote Habicht* ist beherzt und reißt den Otter mit in neue Sphären, der Otter ist- neben seinen Utopien- eher vergeistigt, vernunftbetont und zurückhaltend, was dem *Roten Habicht* Einfühlsamkeit abfordert. Nicht selten sind diese beiden Gefährten für's Leben.

Der Otter und der *Biber* haben nicht viel gemeinsam- hier trifft der Idealist auf einen Materialisten, hier liegen ganz unterschiedliche emotionale Ausstattungen vor. Das alles deutet von vornherein auf jede Menge Probleme hin. Die Kompromisse, die diese beiden eingehen müssten, wären Guinessbuch- verdächtig.

Der *Hirsch* gehört eindeutig zu den Lieblings- Gefährten des Otters- diese beiden passen zusammen wie Pudel und Mütze. Sie haben einen ganz ähnlichen Humor, eine ausgeprägte Umtriebigkeit und Interesse an so vielem, dass sie sich so schnell nicht langweilen werden... ein oft zu findendes und hervorragendes Gespann.

Zum *Specht* gehört das mütterlich- versorgende, anhängliche und sanfte Wesen wie zum Otter der große Wunsch nach geistigem Austausch und Unabhängigkeit. Durch sein Bedürfnis, den Otter zu verzärteln, kann sich ebenjener zu sehr vereinnahmt und festgetackert fühlen, sodass sein Fluchtinstinkt an die Oberfläche kommen kann. Diese beiden würden sich das Leben nicht gerade vereinfachen.

Mit seinem gegenüberliegenden Tierzeichen, dem *Stör* (*Lachs*), verbindet den Otter zunächst nicht viel- außer vielleicht ihr Idealismus und ihre hehren Ziele, die Welt zu einem besseren Ort zu machen. Um ansonsten eine Verständigung zu erlangen, müssen sich beide liebevoll und ausdauernd aufeinander einlassen. Nur so kämen sie beide in den Genuss einer bereichernden Beziehung.

Der sehr zurückhaltende und oft etwas schmallippige *Braunbär* wird den Otter mit seinem Non- Hedonismus vermutlich nicht vom Hocker reißen- und umgekehrt. Diese beiden könnten sich auf intellektueller Ebene bereichern, wenn sie sich aufeinander einließen, aber als Liebespaar sind sie eher nicht füreinander gebacken.

Der Otter und der *Rabe* dürften sich unübersehbar anziehen- sie gehören beide dem Schmetterlings- Klan an und haben viele Gemeinsamkeiten, die sie mit Freuden teilen. Auch diese leichtfüßige und lebendige Verbindung sieht man häufig, was, wie ich aktuell feststellen musste, nicht zwangsläufig bedeutet, dass sie ein ganzes Leben lang hält- aber häufig tut sie es eben doch.

So sehr die *Schlange* ergründen, vereinnahmen, besitzen und behalten will, so sehr schätzt der Otter seine innere und äußere Freiheit und wird sie wahrscheinlich für nichts auf der Welt aufgeben. Das und all die anderen Unterschiede machen es den beiden nicht leicht, eine brauchbare Beziehung aufzubauen. Vermutlich werden sie sich sowieso von Natur aus meiden...

Mit dem Otter und dem *Wapiti* (*Eule*) begegnen sich zwei ähnlich wahrheitsliebende und idealistische Tierzeichen, deren große Kreativität durch ihr Miteinander keine Grenzen zu kennen scheint. Nicht umsonst dürften diese beiden sich gegenseitig als totalen Glücksgriff empfinden, den sie vor lauter Dankbarkeit mit allem Guten überschütten, was sie so haben. Passen super, die beiden.

Zusammen mit einer *Schneegans* dürfte der gemeinsame Lebensweg für beide eher steinig sein. Der Otter sähe sich dem dauerkritischen Blick der *Schneegans* ausgesetzt, welche seine emotionale, quasi künstlerische Grundausstattung eigentlich nicht zu würdigen weiß und damit nicht gut umgehen kann. Die *Schneegans* hätte gern, dass der Otter so ähnlich ist wie sie selbst, aber so läuft es leider nicht. Der Otter seinerseits hätte gern, dass sich die *Schneegans* mal locker macht und sein Spieltrieb und Idealismus auf sie abfärbt, aber so läuft's leider auch nicht. Das Beste wäre: höflich grüßen, weitergehen.

Wenn *zwei Otter* aufeinander treffen, dürfte sich der Esprit, die Aktivität und das Interesse an allem potenzieren- diese beiden geben sich gegenseitig Schwung. Hier dürfte die emotionale Ebene etwas zu kurz kommen und das Ganze könnte oberflächlich bleiben, aber solange beide nichts vermissen- auch gut.

Otter und *Puma* (*Wolf*) könnten viel voneinander lernen, wenn sie sich denn aufeinander einließen- sind sie doch von Natur aus sehr unterschiedlich. Aber die Toleranz des Otters anderen Denkmodellen gegenüber und die starke Einfühlungsgabe des *Pumas* können durchaus eine gute Beziehung auf die Gleise stellen.

Puma (auch Wolf) (19.Februar – 20.März)

Der Puma- unseren Fischen entsprechend- wird unter dem "Mond der großen Winde" geboren. Er hat den Wegerich als Totem aus dem Pflanzenreich und den Türkis aus dem Reich der Mineralien. Unseren Wasserzeichen entsprechend, gehört er dem Klan der Frösche an. Seine Farbe ist das Blaugrün des Türkis- Steins.

Aufgrund seiner Verletzlichkeit ist der Puma von zurückhaltendem Wesen. Dennoch ist er erfüllt von Gutgläubigkeit, was manche Menschen dazu veranlasst, ihn auszunutzen. Der Puma ist hilfsbereit und kann sich oft sehr gut in andere Menschen hineinversetzen. Er ist treuherzig, von sanftem Wesen, etwas eigenbrötlerisch, äußerst sensibel, neigt zu Tagträumen und wirkt hier und da etwas abwesend. Deshalb braucht er manchmal Unterstützung darin, sich im Jetzt und Hier zu disziplinieren.
Der Puma hat einen Hang zum Okkulten und es kann passieren, dass er sich in mystische Dinge verstrickt. Seine immer mal auftretende (und mir nur schwer verständliche)

Neigung, andere Menschen auf einen Sockel zu stellen, sie zu idealisieren, führt nicht selten zu tiefer Frustration- auf beiden Seiten- spätestens, wenn die Realität sie einholt.

Der Puma hat von Natur aus kein sehr großes Selbstvertrauen, denn ihm wohnt oft ein starker Hang zum Perfektionismus inne, der schon so manchen Menschen genervt, frustriert und ausgebremst hat. So kann er es sich durchaus über Jahre selbst nicht recht machen, was auch alle seine Beziehungen belasten kann.

Der Mangel an einem soliden Selbstvertrauen führt oft dazu, dass der Puma anderen Menschen- so wie sich selbst- kein Vertrauen entgegenbringen kann und mit seinen innersten Gefühlen oft ein Leben lang alleine bleibt. In nur sehr wenigen Fällen wird er sich einem Menschen wirklich anvertrauen, der nach mehr oder weniger langem Prüfen für geeignet erachtet wird. So gesehen besteht sein oft großer Freundeskreis zum größten Teil eher aus Bekannten. Aber "Gute Bekannte" sind ja auch schon mal was...

Wer passt wie zum Puma?

Als zurückhaltender Mensch ist der Puma allem Lauten und Derben abhold, weshalb er gerne unter seinesgleichen bleibt. Die Verbindung mit einem *Roten Habicht* beispielsweise dürfte nicht so ganz seinen Bedürfnissen entsprechen, denn dieser ist sehr präsent und kommt manchmal etwas unsensibel 'rüber. Solange die beiden kein brauchbares Kommunikations- Seminar besuchen, dürfte es mit der Verständigung eher mau aussehen. Dennoch nicht zu unterschätzen: zu Freunden taugen sie ganz gut.

Die Begegnung mit dem ruhigen *Biber* dürfte ganz andere Gefühle in dem Puma wecken; hier kann er sich anlehnen und sicher fühlen. Trotz dieser Vorschuss- Lorbeeren sollte der *Biber* seine Sinne schärfen für die leisen Signale des Pumas, denn dieser weiß auch bei anderen die Einfühlungsgabe zu schätzen. Mit etwas Einsatz auf beiden Seiten könnte sich hier eine tiefe und beständige Beziehung entwickeln.

Der Puma und der *Hirsch* leben in verschiedenen Welten und kommen von allein zumeist nicht auf die Idee, die des anderen zu besuchen oder gar zu ergründen. Diese beiden haben sich von Natur aus nicht viel zu erzählen. Es kann durchaus passieren, dass sie sich ineinander verlieben, aber auf Dauer ist es eher unwahrscheinlich, dass sie ein harmonisches Paar abgeben.

Im wahrsten Sinne des Wortes in seinem Element ist der Puma, wenn er auf den sensiblen *Specht* trifft- schon beim ersten Blick wird klar: hier stimmt die Chemie. Die seelische Übereinstimmung ist ein tragfähiges Fundament für diverse Arten von Beziehung, welches auch kleinlichen Meinungsverschiedenheiten den Boden entzieht. Diese beiden sind quasi füreinander gemacht.

Mit Puma und *Stör* treffen wieder Wasser und Feuer aufeinander, was nur selten den Beginn der Glückseligkeit bedeutet. Der Puma könnte die mitreißende Dynamik und die warme, großherzige Ausstrahlung des *Störs* toll finden, aber auch wenn der *Stör* einen starken Beschützer abgäbe, käme er nicht drum herum, die fein geklöppelten Emotionen des Pumas lesen und verstehen zu lernen. In den meisten Fällen wird ihm das zuviel Arbeit sein.

Auch, wenn sich Puma und *Braunbär* auf den ersten Blick sympathisch sein sollten, so sind ihre seelischen Grundausstattungen doch sehr verschieden- der eine schwimmt in einem Meer aus Gefühlen, der andere bemüht sich darum, sein Leben möglichst rational zu bewältigen. Nur, wenn Liebe im Spiel ist, können diese beiden die wunderbaren Ergänzungen spüren, die diese Beziehung sehr wahrscheinlich für sie bereithält.

Auf den ersten Blick verbindet den Puma mit dem *Raben* nicht viel... auf den zweiten auch nicht. Diese beiden haben völlig unterschiedliche Wesenszüge und Interessen, und nur, wenn sie sich ineinander verlieben, könnten sie eine Annäherung auf emotionaler und rationaler Ebene erwirken. Wie lange dieser Segen hält, muss man dann halt sehen.

Mit der *Schlange* hat der Puma das Wasserelement und die starke Emotionalität gemeinsam, was schon mal sehr verbindet. Es ist anzunehmen, dass die beiden sich vom ersten Moment an gut verstehen und eine tiefe Leidenschaft füreinander entwickeln.

Sowohl der Puma, als auch der *Wapiti* sehnen sich nach einer schönen Welt, doch träumt der Puma zumeist nur davon, während der *Wapiti* auszieht und sich für das Gute stark macht- gleiches Ziel, verschiedene Vorgehensweisen. Wenn diese beiden dahinter steigen, dass sie eigentlich dasselbe wollen, können sie viel zusammen bewegen.

Die Beziehung zwischen dem Puma und der *Schneegans* kann sehr bereichernd für beide sein, wenn sie lernen, vom anderen zu lernen. Lektionen gibt es reichlich: die *Schneegans* traut sich an ihre Emotionalität und lernt, Fünfe gerade sein zu lassen und der Puma öffnet sich etwas mehr der Realität und übt sich in Bodenständigkeit. Denn allen Unterschieden zum Trotz haben diese beiden eine Affinität zueinander.

Die Sprache des *Otters* ist der Intellekt, er sehnt sich nach geistiger Übereinstimmung. Das deckt sich nicht so richtig mit der Grundausstattung des Pumas, lässt aber Raum für Experimente. Es soll immer mal wieder vorkommen, dass diese beiden ein gutes Paar abgeben, wenn sie sich liebevoll aufeinander einlassen.

Zwei *Pumas* verstehen sich vermutlich ohne Worte. Hier sind keine großen Annäherungsschwierigkeiten zu erwarten. Vor lauter Schwärmerei und Romantik könnte ihnen allerdings der Bezug zur Realität etwas abhanden kommen. Wenigstens einer von beiden müsste sich hier und da- besser noch regelmäßig- der schnöden Wirklichkeit widmen.

Mir sind nicht wenige "realitätstaugliche" Fische bekannt, das dürfte also kein unlösbares Problem sein.

Roter Habicht (21.März – 19.April)

Der Rote Habicht- unserem Widder entsprechend- wird unter dem "Mond der knospenden Bäume" geboren. Sein Totem aus dem Reich der Pflanzen ist der Löwenzahn, aus dem Reich der Mineralien ist es der Feueropal. Seine Farbe ist das Gelb und er gehört- unseren Feuerzeichen entsprechend- dem Klan der Donnervögel an.

Der Rote Habicht ist zumeist ein scharfer Beobachter, der die Dinge bei einem präzisen Namen nennt und sie auf den Punkt bringt. Allerdings steht sein Temperament manchmal seinem Durchblick im Weg, und es stünde ihm gut zu Gesicht, hier und da einen Augenblick länger zu verweilen, um zu sehen, was abgeht. Er ist ein spontaner, selbstsicherer Schnellstarter, der aufgrund seines Tempos manchmal über seine eigenen Füße stolpert. Da er jedoch gut über sich selbst lachen kann, ist das nicht so tragisch. Hin und wieder neigt er zu Eifersucht und ist zu Besitz ergreifend.

Seine unkomplizierte, direkte, offene und aufrichtige Art bringt ihm nicht nur Freunde ein, aber er will ja in erster Linie auch nicht allen gefallen, sondern er strebt nach Wahrhaftigkeit.

Der Rote Habicht verfügt über eine scheinbar nie verbrauchte Zuversicht und über eine große (Durchsetzungs-) Kraft, die jedoch manchmal in Rücksichtslosigkeit und Egoismus ausartet.

Wer passt wie zum Roten Habicht?

Wenn zwei *Rote Habichte* aufeinander treffen, kann die Hütte schon mal Feuer fangen. Sie ähneln einander natürlich- aber eben auch in ihrer Ungeduld. Hier wäre ein liebevolles Entgegenkommen von Nöten, das mindestens einer- am besten beide- mitbringen (oder entwickeln) sollte; sie müssten weg von zwei "ichs" und hinarbeiten in Richtung "wir". Wenn sie sich beide etwas lockerer machen könnten, wären sie ein unschlagbares Team.

Je nachdem, wie die beiden zueinander stehen, können sich *Biber* und Roter Habicht entweder prima ergänzen oder einander die ganze Zeit auf den Füßen 'rumstehen und sich gegenseitig in ihrer Entfaltung behindern. Hier prallen sehr unterschiedliche Weltanschauungen und Wesenszüge aufeinander, die sich nur mit viel Toleranz annähern- davon jedoch haben beide leider nicht allzu viel im Angebot.

Der *Hirsch* hat ein Patent auf Ideenreichtum und trifft beim Habicht auf jede Menge Tatkraft. Was den Spieltrieb und die Unternehmungslust betrifft, sind die beiden ebenfalls auf einer Wellenlänge. *Hirsch* und Habicht kommunizieren gern und viel; hier sind alle Türen offen. Diese Beziehung dürfte an- und aufregend sein und alles andere als langweilig.

Um mit dem sensiblen, verschlossenen *Specht* auszukommen, müsste der zuweilen etwas raubeinige Habicht ein paar Gänge zurückschalten, was nicht in seiner Natur liegt. Dem *Specht* gebricht es an entsprechender Ausstattung, mit der Offenheit und Lautstärke des Habichts klarzukommen. Hier prallen zwei Welten aufeinander, die sich nur sehr ausnahmsweise gegenseitig gut tun... es sei denn, als Freunde.

Zwischen *Stör* und Habicht besteht eine spontane und starke Anziehungskraft. Wesenszüge, Interessen und Neigungen passen sehr gut zueinander; die beiden haben gemeinsame Ziele und immer Gesprächsstoff. Nur sollten sie herausfinden, ob sie zum Team taugen oder klären, wer von beiden der Chef ist.

Ein *Braunbär*, der auf einen Habicht trifft, wird nicht selten seinen Fluchtinstinkt spüren, denn dieser Mensch ist ihm nicht unbedingt von vornherein sympathisch. Nur, wenn wind- und wettererprobte Liebe im Spiel ist, kann es in dieser Beziehung zu all den möglichen segensreichen Ergänzungen kommen, die durchaus in ihr schlummern. Ohne diese Liebe wird die Geschichte sehr wahrscheinlich an den großen und zahlreichen Wesensunterschieden scheitern.

Der *Rabe* ist ein sehr geselliger Mensch, der nicht gut für sich allein bleiben kann. Dem Roten Habicht wohnt ein eigenbrötlerischer Einzelkämpfer inne, der seine Auszeiten für sich braucht. Die tief verwurzelte Bereitschaft des *Raben* zu Kompromissen beißt sich gerne mal mit des Habichts Streben nach Wahrhaftigkeit (remember: wenig Toleranz, wenige Kompromisse). Hier ist viel Liebe vonnöten, damit die Beziehung Chancen zum Gedeihen hat.

Mit der *Schlange* begegnet dem Habicht ein mindestens genauso leidenschaftlicher Mensch, in dem- trotz seines Wasserelements- ebenfalls ein Feuer lodert. Solange dieses verbindende Element lebendig bleibt, kann daraus eine durchaus akzeptable Beziehung werden. Sollte es verglimmen, ist viel Toleranz gefragt, diese beiden sonst so unterschiedlichen Wesen unter einen Hut zu bringen, denn hier trifft Sponti auf Auster bei starkem Seegang...

Dadurch, dass der *Wapiti* und der Rote Habicht zu demselben Elemente- Klan gehören, bestehen schon mal gute Chancen auf eine grundsätzliche Harmonie. Ihr Bedürfnis und Streben nach Integrität, sowie ihr ausgeprägter Idealismus vereinen sie. Zwischen diesen beiden besteht eine große und oft lang anhaltende Anziehungskraft, die sie nicht selten zu Freunden für's Leben macht- auch wenn sie ein Paar sind.

Da weder die *Schneegans* noch der Habicht berühmt sind für ihre Toleranz, könnte es hier an den nötigen Kompromissen fehlen, um eine brauchbare Beziehung aufzubauen. Ihre Art zu denken und zu fühlen, ihre Herangehensweise sowie ihr "Grundtempo" sind sehr unterschiedlich. In der Regel bringen sie nicht allzu viel Verständnis füreinander auf.

Mit dem *Otter* auszukommen, fällt dem Habicht leicht. Vermutlich finden sich die beiden sofort anziehend und sind gerne zusammen. Der Habicht hilft dem *Otter*, seine Pläne zu verwirklichen und dieser bringt seinerseits viele herrlich schräge Ideen mit an Bord. Langweilig wird das wahrscheinlich nicht so schnell!

Der *Puma* ist vorsichtig und sensibel, der Habicht offen und manchmal recht ruppig- das klingt nicht nach der großen Harmonie. Diese beiden könnten von einer interessanten Freundschaft profitieren, verlieben sollten sie sich aber lieber in jemand anderen.

Biber (20.April – 20.Mai)

Der Biber- bei uns der Stier- wird unter dem "Mond der wiederkehrenden Frösche" geboren. Aus dem Pflanzenreich ist sein Totem die (ausschließlich in Nordamerika beheimatete) Blaue Camass- oder Quanash- Pflanze, aus dem Reich der Mineralien der Chrysokoll. Seine Farbe ist das Blau und er gehört- unseren Erdzeichen entsprechend- dem Klan der Schildkröten an.

Der Biber neigt durch seine Zugehörigkeit zum Schildkröten- Klan zu Bequemlichkeit, zu Sturheit und zum eher langsamen Durchstarten. Hat er jedoch ein Ziel vor Augen, arbeitet er unermüdlich und tatkräftig an seiner Realisierung. Seine Neigung, sich auf eine Sache zu fixieren, schränkt manchmal seinen Gesamtüberblick etwas ein.
Der Biber ist vernünftig, nicht sehr kompromissbereit und diplomatisch, häuslich, besonnen, von Natur aus eher etwas unflexibel, sinnlich (auch was das Leibeswohl und die

Genüsse allgemein betrifft) und keineswegs flatterhaft; er ist fürsorglich, ruhig, geduldig und oft solide wie Gold. Der Biber ist ausgesprochen sicherheitsbedürftig und daher manchmal sehr auf's Materielle fixiert.

Wer passt wie zum Biber?

Zwischen dem Biber und dem *Roten Habicht* dürfte der Funke mit großer Wahrscheinlichkeit nicht recht überspringen. Ihre Bedürfnisse und Wesenszüge liegen sich quasi diametral gegenüber und es bedürfte einer Riesenportion Kompromissbereitschaft, damit in dieser Beziehung Harmonie Einzug halten kann. Toleranz jedoch schütteln beide nicht so üppig aus dem Ärmel.

Mit einem anderen *Biber* könnte der Biber durchaus sein Glück finden. Einer der wenigen Nachteile könnte ein Mangel an Flexibilität sein, aber solange das beide nicht stört, ist es ja auch gut. Diese beiden Erd- Vertreter sorgen für doppelte Sicherheit, Häuslichkeit und Solidität, womit wichtige Bedürfnisse erfüllt sind.

Sollte es Liebe sein, die *Hirsch* und Biber verbindet, so ließen sich die vielen Wesensunterschiede eventuell sogar auf lange Sicht kompensieren. Sobald selbige sich jedoch davonstiehlt und niemand sie aufhält, gehen diese beiden schnell eigene Wege, denn eigentlich passen sie nicht gut zusammen. Der Biber ist wahrscheinlich not amused von des *Hirschen* Tausendsassatum und der *Hirsch* braucht eigentlich nicht so dringend diese überschaubare Häuslichkeit- dafür interessieren ihn andere Menschen und Dinge viel zu sehr.

Von einem waschechten *Specht* fühlt sich der Biber magisch angezogen. Diese beiden geben von Natur aus ein Super- Team ab. Der Biber schenkt dem *Specht* Stabilität und Häuslichkeit, dafür überschüttet der *Specht* seinen Biber mit Zärtlichkeit, Hingabe und Toleranz.

Sowohl dem *Stör*, als auch dem Biber wohnt ein gewisser Führungsanspruch inne, was immer wieder zu Reibereien führen kann. Was sie auf jeden Fall auf ein und dieselbe Seite verschlägt, ist ihr ausgeprägtes Bedürfnis nach Genüssen- was das betrifft, schöpfen beide gern aus dem Vollen. Ob sie sich auf die Andersartigkeit und das Tempo des anderen einstellen können, wird sich im Einzelnen zeigen- die Natur vermeldet hier ein klares "Vielleicht".

Ein unüberhörbares "JA!" wäre von der Natur zu vernehmen, sobald es um die Verbindung von Biber und *Braunbär* geht. Sie beginnen nicht nur mit dem gleichen Buchstaben (harhar), sondern sie weisen auch von den Bedürfnissen und dem Wesen her viele Ähnlichkeiten auf, die sie einander wirklich nahe bringen. Sie sind beide eher spannungsarm (soll heißen: keine Krawallschachteln), brauchen keine Rundum- Animation, was von außen betrachtet mit "langweilig" verwechselt werden könnte. Da die beiden aber immer an gemeinsamen Projekten arbeiten, empfinden sie dies wahrscheinlich ganz anders- vielleicht eher als Ruhe, Entspannung und Frieden. Und davon braucht's schließlich jede Menge in der Welt.

Obwohl der charmante *Rabe* dem Biber durchaus gefallen könnte, so reicht dies wahrscheinlich nicht für eine lange, glückliche Beziehung. Sie haben beide nicht viele Ähnlichkeiten, was die Bedürfnisse und die Wesenszüge betrifft und sie müssten sich ernsthaft zusammenraufen, um eine solide Verbindung zu schaffen.

Mit der dramatischen Leidenschaftlichkeit der *Schlange* könnte der Biber große Probleme haben, denn er mag's lieber ruhig und nicht so hitzig. Wenngleich ihre Elemente gut zusammenpassen, so können doch eklatante Charakterunterschiede vorhanden sein, die die Beziehung sehr anstrengend gestalten können. Dass beide ziemlich Besitz ergreifend sind, macht die Sache auch nicht leichter.

Da der Biber sich gern an das Vertraute hält, ist ihm die Umtriebigkeit des *Wapitis* nicht ganz geheuer. Das Streben nach hehren Zielen, das Fernweh, sowie das ausgeprägte Interesse, mit Menschen in's Gespräch zu kommen, beseelen den Biber weit weniger als den *Wapiti*, und so können hier grundsätzliche Harmonie- Probleme auftauchen. Aufgrund der vielen Wesens- Unterschiede sind hier jede Menge Kompromisse willkommen.

Mit der *Schneegans* begegnet dem Biber jemand, mit dem er sich auf Anhieb versteht; hier liegen die Eigenschaften, die Bedürfnisse und die Neigungen ganz eng zusammen und die beiden können ein Spitzen- Team abgeben. Sie werden wahrscheinlich unermüdlich und mit Erfolg an ihrer materiellen Sicherheit arbeiten, welche beiden sehr wichtig ist.

Ein "Könnte klappen, muss aber nicht" lautet die Überschrift, wenn Biber und *Otter* aufeinander treffen. Die zwei sind sehr gegensätzlich- es bedarf unendlicher Geduld und Toleranz, um aus dieser Konstellation eine tolle Beziehung zu basteln. Normalerweise ziehen sie einander nicht an.

Der *Puma* tritt beim Biber durch offene Türen (einRENNEN würde er sie niemals!), denn er ist dem Biber sofort sympathisch, was sicher auf *Gegenseitigkeit* beruht. Der Biber liebt die Freundlichkeit und Sensibilität des *Pumas*, während dieser die Ordnung, die Häuslichkeit und die Solidität des Bibers zu schätzen weiß.

Hirsch (21.Mai – 20.Juni)

Der, unseren Zwillingen entsprechende Hirsch wird unter dem "Mond der Maisaussaat" geboren. Das ihm zugeordnete Totem aus dem Pflanzenreich ist die Schafgarbe, aus dem Reich der Mineralien der Moosachat. Seine Farben sind Weiß und Grün und er gehört dem Elemente- Klan der Schmetterlinge an (bei uns sind dies die Luftzeichen).

Dass der Hirsch dem Klan der Schmetterlinge angehört, begründet seine Neigung zu Flatterhaftigkeit und Oberflächlichkeit... was nicht unbedingt heißt, dass er auch flatterhaft und oberflächlich IST- aber die Tendenz ist halt gegeben. Dafür ist er jedoch von freundlichem Naturell, kommunikativ, kontaktfreudig, schlagfertig und wortgewandt.
Der Hirsch hat einen aufgeschlossenen Geist, ist anpassungsfähig und leider gerne mal ungeduldig. Er kann

nicht lange still sitzen oder bei einer Sache bleiben- er braucht viel Abwechslung. Der Hirsch ist der Inbegriff des Tausendsassas, locker und unbeschwert, aber es gibt ihn auch in sensibler Variante.

Für eine feste Beziehung kann sich der Hirsch nur schwer entscheiden. Der Schlüssel zum Glück liegt hier in der Toleranz des Partners, u.a. dafür, dass der Hirsch sehr wahrscheinlich nie das Flirten einstellen wird. Mit seinem häufig ausgeprägten Charme hat er noch die meisten Gegenübers um den Finger gewickelt.

Wer passt wie zum Hirsch?

Der Hirsch ist ein Luftzeichen, der *Rote Habicht* ein Feuerzeichen- hier ist eine leichte Entflammbarkeit zu erwarten. Der eine findet den anderen so inspirierend wie umgekehrt, die beiden werden viel Spaß haben und sicher jede Menge herrlichen Blödsinn verzapfen. Ob sich auch eine tiefe (Liebes-) Beziehung entwickelt, hängt von den üblichen verdächtigen Faktoren ab.

Der Hirsch und der *Biber* haben nicht viele Gemeinsamkeiten, die ihnen "von Natur aus" in die Hände spielen; wo der eine fröhlich herumhüpft, schlägt der andere Wurzeln, wo der eine 'rumflattert, ist der andere standorttreu. Damit eine Beziehung gelingt, müssten sich beide im Entgegenkommen üben und in ihrer Gegensätzlichkeit eine Bereicherung sehen.

Bei zwei *Hirschen* geht es vermutlich lustig zu und jeder inspiriert den anderen. Was dieser Paarung jedoch wahrscheinlich fehlen wird, ist die Erdung, die Vernunft, die Ernsthaftigkeit. "Immer nur Spaß haben" lässt vermutlich nicht viel seelischen und emotionalen Tiefgang aufkommen, was allerdings auch nicht zu den

Kernkompetenzen eines "typischen" Vertreters dieses Zeichens gehört.

Hirsch und *Specht* sind von den Grundbedürfnissen her sehr unterschiedlich- der eine schafft mit Hingabe ein gemütliches Zuhause, der andere buttschert herum und hat mit Häuslichkeit nicht viel am Geweih. Nur, wenn sie gewillt und interessiert sind, voneinander zu lernen- der Hirsch das Ausloten tiefer Gefühle, der *Specht* das Sichlockermachen- kann daraus was werden. Ob da noch ausreichend beider Grundbedürfnisse berücksichtigt werden können, müssen sie halt sehen.

Reelle Chancen auf Freude und Harmonie hat die Konstellation Hirsch- *Stör*. Sie haben einige wichtige Gemeinsamkeiten und es gibt vermutlich kein großes Gerangel um den Chefposten, den sehr wahrscheinlich der *Stör* übernimmt. Wenn's dem Hirsch jedoch zu bunt wird, seilt er sich halt zwischendurch mal ab- denn ob Single oder Teil eines Paares- der Hirsch hat immer einen ausgeprägten Freiheitsdrang.

Hirsch und *Braunbär* tun sich (nach meiner Erfahrung) viel häufiger zusammen, als man auf den ersten Blick meinen möchte. Denn obwohl der *Braunbär* furchtbar gern kritisiert- auch der Hirsch wird ihm dazu ausreichend Anlass bieten- und obwohl der Hirsch den *Braunbären* möglicherweise als Spaßbremse empfindet, sind sie doch beide guten Willens, es miteinander zu versuchen. Wenn Liebe im Spiel ist, werden sie beide eine große Bereicherung füreinander sein.

Mit Hirsch und *Rabe* treffen zwei aus dem Schmetterlings-Klan aufeinander, was von vornherein auf Harmonie hindeuten kann. Beide finden sich gegenseitig anregend, beide lieben die Abwechslung und den Spaß und sind ausgesprochen gesellige Typen. Fehlen vielleicht nur wieder ein bisschen von der Erdung und dem Tiefgang...

Hirsch und *Schlange* werden vermutlich keine Traumbeziehung abgeben- den Hirsch interessiert das Offenkundige, die *Schlange* forscht gern im Verborgenen, der eine liebt Flitter und Tand, die andere braucht tiefe und starke Emotionen. Niemand spricht wirklich die Sprache des anderen.

Der Hirsch ist das, dem *Wapiti* gegenüberliegende Zeichen, dennoch verbindet die beiden so einiges. So sind u.a. beide gesellig, tolerant, beredt, positiv und von wachem Geist. Lässt sich der Hirsch auf die tiefe Sinnsuche des *Wapitis* ein und teilt mit ihm gar das Streben nach Weisheit, so haben auf alle Fälle beide was davon.

Eine, für beide Seiten beglückende Beziehung aufzubauen, dürfte dem Hirsch und der *Schneegans* nur in seltenen Fällen gelingen, denn hier prallen wieder sehr unterschiedliche Grundbedürfnisse aufeinander. Und es kann eine ganze Weile dauern, bis die beiden das Gute aneinander entdecken...

Perfektion als solche gibt es zwar nicht, aber Hirsch und *Otter* sind die perfekten Kumpels, Freunde und Partner! Hier stimmt die Wellenlänge, hier passen die Grundbedürfnisse. Bei aller gegenseitigen Inspiration muss jedoch mindestens einer von ihnen immer mal einen Blick auf die schnöde Realität werfen...

Mit dem *Puma* wird der Hirsch sehr wahrscheinlich keinen Traumpartner finden und umgekehrt. Sie sind von ihrer Grundausstattung her so verschieden, dass sie viel Zeit aufbringen müssten, um Gemeinsamkeiten zu entdecken- welche auch nicht immer und unbedingt verbinden.

Specht (21.Juni – 22. Juli)

Der Specht entspricht unserem Krebs. Er wird unter dem "Mond der Kraftvollen Sonne" geboren. Sein Totem aus dem Reich der Pflanzen ist die Heckenrose, aus dem Mineralienreich der Karneol. Seine Farbe ist das Rosa und er gehört dem Elemente- Klan der Frösche an, den Wasserzeichen bei uns.

Aufgrund seiner Empfindsamkeit ist der Specht Stimmungsschwankungen ausgesetzt, die manchmal ins Launenhafte gehen. Der Specht ist sehr intuitiv, schnell gekränkt und durch seinen ausgeprägten Eigenschutz wenig vertrauensvoll. Es kann sehr lange dauern, bis man das Vertrauen eines Spechts gewonnen hat- und es kann sehr schnell wieder vorbei sein damit. Dafür ist er in Beziehungen romantisch und hingebungsvoll und sehnt sich nach partnerschaftlicher Nähe.

Der Specht verfügt über einen starken Bemutterungsinstinkt, der manchmal übers Ziel hinaus schießt, da er gebraucht werden möchte. Die Geborgenheit, die er für sich selber wünscht, verteilt er großzügig unter seinen Lieben, was zur Überbehütung führen kann. Dieser Umstand könnte sich behindernd auf die Selbständigkeit der Kinder auswirken, sodass es sich dem Specht empfiehlt, das Loslassen zu üben.

Wer passt wie zum Specht?

Der Specht und der *Rote Habicht* werden sehr wahrscheinlich nicht aufeinander fliegen. Diese Begegnung ist wie die von Wasser und Feuer- wenig harmonisch. Es dürfte häufiger vorkommen, dass sich der Specht von der schlecht zu ignorierenden Präsenz des *Roten Habichts* überfahren fühlt, was dieser nicht mal unbedingt merken muss. Diese beiden werden vermutlich nie die gleiche Sprache sprechen. Als Freunde jedoch können sie einander viel geben.
Bei dem *Biber* trifft der Specht auf jemanden, der ihm in Wünschen und Bedürfnissen sehr ähnlich ist; beide lieben ein gemütliches Zuhause, sind zärtlich, fürsorglich und verwöhnen sich gegenseitig. Diese Verbindung steht unter einem guten Stern.
Nicht sehr harmonisch ist hingegen die Verbindung mit einem *Hirsch*. Dieser braucht viel Freiraum und Abwechslung und sehnt sich nicht ansatzweise so sehr nach menschlicher Wärme und Geborgenheit wie der Specht. Diesem wird er wegen seiner vielen Interessen viel zu häufig unterwegs sein, wodurch sich der Specht leicht vernachlässigt fühlen kann.

Specht und *Specht* sind sich vermutlich recht ähnlich, weswegen eine Beziehung dieser beiden schon mal eine tiefe seelische Verbundenheit und eine große Harmonie bereithält. Es könnte sein, dass es in dieser Paarung nicht allzu viel Schwung und fruchtbare Kontroversen gibt- aber der Specht ist sowieso nicht sehr vergnügungssüchtig.

Mit Specht und *Stör* treffen wieder ein Wasser- und ein Feuerzeichen aufeinander, was von vornherein keine große Harmonie zeitigt. Was dem Specht am *Stör* gefällt, ist seine offene Warmherzigkeit, von der er kaum genug kriegen kann. Missfallen könnte ihm, dass der *Stör* das Zepter nicht aus der Flosse gibt. So oder so ist hier ein hoher Einsatz gefragt, damit diese Beziehung gelingt.

Der Specht dürfte vom *Braunbären* angezogen werden wie von einem Magneten, und umgekehrt- obwohl der *Braunbär* das wahrscheinlich nie zugeben würde. Der Specht kann mit seiner Lieblichkeit dem *Braunbären* etwas aus seiner emotionalen Reserve helfen, während der *Braunbär* dem Specht mit seinen praktischen Begabungen und seinem Sinn für die Realität eine wertvolle Unterstützung angedeihen lassen kann. Diese Konstellation ist für beide wahrscheinlich sehr erfüllend.

Während der Specht ein Wesen ist, das die Tiefen des Menschseins auslotet- ein für Wasserzeichen typisches Bedürfnis- und das mit ausgezeichneten Antennen für die Schwingungen anderer Menschen ausgestattet ist, verweilt ein "typischer" *Rabe* lieber an der Oberfläche und ist für die einfachen Freuden des Daseins empfänglich. Diese beiden Charaktere verbindet nicht viel, und nur, wenn aufrichtige Liebe im Spiel ist, werden sie sich aufeinander einlassen, einander wahrhaftig näher kennen lernen wollen und den Gewinn ihrer Ergänzungen genießen können.

Wie der Specht, so gehört auch die *Schlange* dem Wasserelement, also dem Klan der Frösche an. Hier liegt schon deshalb eine große Übereinstimmung der Wesenszüge vor. Wenn ihnen auch hier und da der Bezug zur harten Realität fehlt, so sind diese beiden doch füreinander gemacht und können sehr glücklich miteinander werden.

Mit dem *Wapiti* begegnet dem Specht ein Mensch mit großem Freiheitsdrang und dem Bedürfnis, die weite Welt zu erkunden und den Wahrheiten des Lebens auf den Grund zu gehen. Von ausgeprägter Häuslichkeit ist dieser Mensch nicht erfüllt, was zu wiederkehrenden Interessens-Konflikten mit dem Bedürfnis des Spechts nach Geborgenheit führen kann.

Der Specht und die *Schneegans* ergänzen sich in einigen Punkten ganz gut und vermutlich werden sie auch einander ansprechen. Ihre Grundbedürfnisse jedoch liegen nicht ganz so ideal übereinander, wodurch sie an Entgegenkommen und täglichen Kompromissen nicht vorbeikommen werden- letzteres ist ein Schwachpunkt der *Schneegans*. Aber wer weiß, was die hingebungsvolle Liebe des Spechts zu zaubern vermag...

Bei zwei so verschiedenen Wesen wie dem Specht und dem *Otter* bedarf es vieler täglicher Kompromisse, damit ein Zusammensein nicht frustrierend wird. Der *Otter* schwebt in geistigen und idealistischen Sphären, der Specht hat das tiefe Bedürfnis nach den seelischen und emotionalen Belangen des Lebens- das deutet nicht auf große Harmonie von Natur aus...

Bei dem *Puma* wird der Specht sehr wahrscheinlich auf einen Kandidaten treffen, mit dem er ein Herz und eine Seele sein kann, denn die große Sensibilität wohnt beiden inne und es bedarf nicht allzu vieler Worte, damit die beiden harmonieren und sich ausgezeichnet verstehen.

Stör (auch Lachs) (23.Juli – 22.August)

Der Stör- unserem Löwen entsprechend- kommt unter dem "Mond der Reifenden Beeren" zur Welt. Sein Totem aus dem Reich der Pflanzen ist die Himbeere, aus dem Reich der Mineralien der Granat. Sein Farbe ist das Rot und er gehört- unseren Feuerzeichen entsprechend- dem Klan der Donnervögel an.

Der Stör verfügt über eine kraftvolle Persönlichkeit. Er ist nur schwer zu verunsichern und zutiefst von sich überzeugt, wodurch er gerne mal zu Überheblichkeit neigt. Da der Stör zu wissen glaubt, was für andere gut ist, neigt er zu Herrschsucht. Zwar liegt er hierbei oft richtig, dennoch kann das manchmal ganz schön nerven.

Der Stör verfügt desweiteren über eine wohltuende Ausstrahlung, die nicht selten charismatische Züge hat. Er ist üppig im Materiellen und Emotionalen und ebenso großherzig wie großzügig.

Der Stör ist erfüllt von einem ausgeprägten Beschützerinstinkt- mit ihm an der Seite kann einem fast nichts passieren. Er verfügt über ausgezeichnete Führungsqualitäten, wobei er aber alle erforderlichen Übungen auch selber vormacht.
Eine wichtige Lektion für den Stör wäre, andere Meinungen gelten zu lassen.

Wer passt wie zum Stör?

Zu den Lieblingen eines Störs dürfte unter anderem der *Rote Habicht* zählen, da die beiden sehr viele Bedürfnisse und Eigenschaften verbindet und sie durch eine ähnliche Vitalität mühelos bei dem Tempo des anderen mithalten können. Damit es jedoch nicht immer wieder unnötig donnert, sollten sie klarstellen, wer von beiden der Oberguru sein soll.
Weder der Stör, noch der *Biber* ist ein Wunder an Kompromissbereitschaft, weshalb es hier immer mal zu Dickköpfigkeits- Knirschen kommen kann. Sollte es den Herrschaften gelingen, dieses Problem in den Griff zu kriegen, können beide viel voneinander profitieren, da sie interessante Ergänzungen füreinander bereithalten.
Stör und *Hirsch* dürften sich von vornherein sympathisch sein, ihre Wesenszüge sind angenehme Ergänzungen für den anderen und sie werden sich sehr wahrscheinlich durch den anderen stark animiert fühlen. Aufgrund seiner großen Flexibilität akzeptiert der *Hirsch* sehr wahrscheinlich die dominante Ader des Störs, was einen möglichen Konfliktherd von vornherein aushebelt.
Mit Stör und *Specht* prallen wieder Feuer und Wasser aufeinander, was sowohl Disharmonie, als auch Ergänzung bedeuten kann. Je nachdem, wie die beiden insgesamt

drauf sind, kann es hier zu einem interessanten Zusammenschluss verschiedenster Eigenschaften kommen- oder aber es scheppert häufig im Karton.

Edel sei der *Stör*, herzlich und gut... kommt ein zweiter hinzu, kann das zu täglichen Feuerwerken führen, wenn sie sich nicht einigen, wer den Ton angibt. Eventuell gelingt es diesen beiden dominanten Typen, Teamarbeit zu leisten (schließlich sind sie auch liebevoll und großherzig!), dann könnten sie alles erreichen.

Mit dem *Braunbären* begegnet dem Stör ein Mensch, der ein dankbares Publikum für seine Großartigkeit abgeben könnte. Ob dies allein jedoch ausreicht, eine erfüllende Beziehung zu führen, ist fraglich. Diese beiden müssen schon sehr genau kucken, was sie verbindet, denn das ist von Natur aus nicht allzu viel...

Der Stör findet an dem *Raben* ganz viel, was ihm gefällt- und umgekehrt. Jeder findet den anderen anregend und man hängt gern zusammen 'rum. Da der *Rabe* nicht so das Bedürfnis hat, das Zepter an sich zu reißen, sondern oft ganz erleichtert ist, dass jemand anders sagt, wo's langgeht, dürfte sich hier der Führungsanspruch des Störs voll entfalten, was der Harmonie dieser Beziehung quasi keine Grenzen setzt. Ob sich der *Rabe* auch vom Stör herumkommandieren lassen will, muss er halt sehen.

Die *Schlange* bewundert eher niemanden so schnell und geht dem Stör mit ihrer Analysiererei eventuell ganz kräftig auf den Keks. Sie macht gern, was niemandem wirklich gefällt, denn sie schaut hinter die Fassade, was auch der Stör nicht so toll findet. Diese beiden sind nur ausnahmsweise in eine vertrauensvolle und erfüllende Beziehung verstrickt.

Viel Toleranz, viel Entgegenkommen und noch mehr Vertrauen sind nötig, damit der Stör mit dem ebenfalls freiheitsliebenden *Wapiti* auf einen grünen Zweig kommt.

Zwar dürften sich diese zwei Hübschen von Anfang an sympathisch finden, aber das allein reicht bekanntlich nicht aus, in Harmonie vereint zu sein. Wenn die beiden die Vertrauens- und Kompromiss- Kurve kriegen, kann eine tolle Beziehung daraus werden...

Die *Schneegans* dürfte für einen "klassischen" Stör ein Buch mit sieben Siegeln sein. Hier gilt, langsam und mit Geduld hinter ihre Bedürfnisse zu kommen- beides keine Kernkompetenzen des Störs. Mit seinen spontanen Ansprüchen kommt der Stör hier nicht weit, wird aber vermutlich reich belohnt, wenn er sich geduldig die Zeit nimmt, die *Schneegans* näher kennen zu lernen. Doch auch hier gilt, die Machtverteilung zu klären, da die *Schneegans* ebenfalls gerne den Ton angibt.

Der *Otter* bringt einiges mit, das einem wirklich großen Stör gut gefallen könnte; so ist er freiheitsliebend, selbständig und unabhängig. Es sind jedoch genau diese Eigenschaften, die den *Otter* zu keinem unterwürfigen Anbeter machen. Aber wenn der Stör nicht völlig verstrahlt ist, weiß er diese Eigenarten zu schätzen- schließlich ist es für einen wahrhaftig großherzigen Menschen angenehmer, wenn ihm auch mal der Wind in's Gesicht bläst, anstatt zuhause ein verhuschtes Heimchen hocken zu haben...

Stör und *Puma* geben nicht gerade das doppelte Lottchen ab- hier klaffen große Lücken zwischen den Veranlagungen und den Grundbedürfnissen. Es müsste sich jeder dem anderen mit einer ordentlichen Portion Geduld und freundlicher Zugeneigtheit annähern, sonst hat die Verbindung dieser beiden sehr unterschiedlichen Charaktere keine großen Chancen, zu gedeihen.

Jedenfalls nicht, wenn die Brunftzeit abgelaufen ist...

Braunbär (23.August – 22.September)

Der Braunbär (bei uns die Jungfrau) kommt unter dem "Mond der Ernte" auf die Welt. Seine Pflanze ist das Veilchen, sein Mineral der Amethyst. Seine Farbe ist das Purpur und er gehört- unseren Erdzeichen entsprechend- dem Klan der Schildkröten an.

Der Braunbär ist strebsam, lerneifrig, gründlich, zurückhaltend und misstrauisch. Da er sich- auch im Privatleben- ungern auf andere verlässt, pflegt er zwecks Erlangung größtmöglicher Selbständigkeit seine praktischen Fähigkeiten und macht lieber alles selbst. Dabei führt seine Detailversessenheit dazu, dass ihm der Gesamtüberblick abhanden kommen kann, was ihn als Chef nur bedingt tauglich erscheinen lässt, denn auch das Delegieren hat der Braunbär nicht erfunden.

Um eine Art innerer Balance zu erreichen (was bei ihm relativ ist), bedarf der Braunbär eines überschaubaren Rahmens und einer gründlichen Vorausplanung. Unerwartetes verunsichert ihn.

Sein Hang zur Perfektion macht den Braunbären zu einem eifrigen Kritiker und damit in den Augen seines Gegenübers oft nicht sonderlich sympathisch. Dieser Hang führt auch gern mal zu selbst gestrickter Überforderung, was sich ungünstig auf seine nervliche Belastbarkeit auswirkt.

Das tiefe Misstrauen seinen eigenen Gefühlen gegenüber macht den Braunbären oft etwas kopflastig; er kann einem in Diskussionen rationaler Natur eine Blase ans Bein reden, während er sich über seinen Gefühlshaushalt lieber ausschweigt. Hier lässt er nur wenige Vertraute an sich heran.

Da es ihm Schwierigkeiten bereitet, selbst Viere gerade sein zu lassen, kann er sich nur mühsam locker machen. Es stünde ihm gut zu Gesicht, an seinem Selbstwertgefühl zu arbeiten, sich in Toleranz zu üben und die Segnungen der Entspannungstechniken kennen zu lernen.

Wer passt wie zum Braunbär?

Wenn sich der Braunbär und der *Rote Habicht* nicht von vornherein sympathisch sind, gehen sie einander normalerweise aus dem Weg, denn vom Naturell her haben diese beiden nur sehr wenig gemeinsam. Sie sehen die Welt aus ganz unterschiedlichen Perspektiven und ihr Gefühlshaushalt findet sich im jeweils anderen nicht wieder. Ohne immer währendem Einsatz ist von dieser Beziehung vermutlich nicht viel zu erwarten.

Der Braunbär und der *Biber* haben nicht nur das Erde-Element gemeinsam (sie gehören beide dem Schildkröten-

Klan an), sondern auch ihre *Gefühlswelt* weist viele Ähnlichkeiten auf. Sie finden sich wahrscheinlich auf Anhieb sympathisch, sehen viele Dinge ganz ähnlich und dürften keine großen Schwierigkeiten haben, ins Gespräch zu kommen. Diese Beziehung gehört oft zu den angenehmen Selbstgängern im Tierkreis.

Wenn der Braunbär und der *Hirsch* ins Gespräch kommen und auf dieser Ebene harmonieren, kann daraus eine interessante und wortgewaltige Verbindung werden- zumindest auf freundschaftlicher Ebene. Eine Liebesbeziehung wird nur dann eine lebenswerte Zukunft haben, wenn sich der *Hirsch* an das sehr viel gemächlichere Tempo des Braunbären anpasst (umgekehrt wird dies kaum möglich sein) und sein Bedürfnis nach "Leute kennen lernen" stark zurücknimmt, denn von Natur aus ist der Braunbär nicht sehr gesellig. Aber hier wie überall kann es toll werden, wenn eine beidseitige tiefe Zuneigung im Spiel ist.

Es ist sehr gut möglich, dass den Braunbären und den *Specht* nur wenige Verständigungs- Schwierigkeiten beuteln. Sie dürften durch ihre spitzenmäßig passenden Ergänzungen einen guten Draht zueinander haben und sich von Anfang an sympathisch sein. Der Braunbär steuert die Erdverbundenheit bei, der *Specht* sorgt für Sensibilität und emotionale Hingabe und ermöglicht dem Braunbären damit unter Umständen den Zugang zu seinen eigenen Gefühlen. Diese Konstellation empfinden sicher beide als bereichernd.

Als zu laut, zu präsent, zu unbescheiden könnte ein Braunbär einen *Stör* empfinden- hier prallen mal wieder zwei Welten aufeinander. Der *Stör* schöpft aus dem Vollen, der Braunbär lebt eher bescheiden, der *Stör* geht nach vorn, der Braunbär zieht sich gern zurück... hier bedarf es einiger größerer Kompromisse, damit diese Beziehung funktioniert.

Wenn der Braunbär sich mit einem *Braunbären* zusammentut, gibt es von vornherein viel weniger Probleme als mit manch anderem Menschen, denn in Veranlagungen und Sichtweisen finden sich viele Übereinstimmungen. Diese Beziehung verfügt über eine starke Erdung, dürfte jedoch emotional etwas unterversorgt anmuten, da sie beide nicht gerne ihre (romantischen) Gefühle 'rausrücken.

Wie bereits erwähnt, ist der Braunbär von Natur aus eher ungesellig und lebt lieber zurückgezogen, der *Rabe* jedoch mischt sich gern unter's Volk und liebt die Abwechslung. Hier (wie auch beim Thema Bescheidenheit) wären einige Kompromisse von Nöten, damit diese ansonsten gar nicht so üble Verbindung eine Zukunft hat.

Der Braunbär findet die *Schlange* sehr wahrscheinlich anziehend, denn sie lebt das aus, was er sich selbst zumeist versagt- ihre starken Gefühle. In seiner krassen Unnahbarkeit ist der Braunbär eine willkommene Herausforderung für die *Schlange*, denn sie liebt es, zu analysieren und zu erforschen. Hier könnten sich wieder beide sehr bereichert fühlen.

Die Verbindung zwischen Braunbär und *Wapiti* sieht man nicht allzu häufig, denn diese beiden denken und fühlen sehr unterschiedlich. Der *Wapiti* geht für seine Überzeugungen auf Demos, während der Braunbär sein Gedankengut lieber für sich behält. Hier entwickelt sich vermutlich keine fruchtbare Kommunikation.

Wie alle Erdzeichen gut miteinander harmonieren, so passt auch die *Schneegans* bestens mit dem Braunbären zusammen. Beide stehen auf soliden Füßen, und eine der verbindenden Eigenschaften ist die Beständigkeit. Da sie beide von ernsthaftem Naturell sind, könnte es in dieser Beziehung leicht mal etwas freudlos zugehen, aber solange das keinen der beiden stört...

Mit Braunbär und *Otter* begegnen sich zwei sehr unterschiedliche Charaktere. Zwar wedelt keiner von beiden mit Transparenten herum, auf denen seine Gefühle stehen, doch sind ihre Triebfedern und Sichtweisen quasi polar. Was der eine konservieren will, möchte der andere verändern, was der eine zu erhalten sucht, möchte der andere reformieren. An dieser Beziehung müssten beide- vor allem unter Aufbietung aller Toleranz- intensiv arbeiten, damit keiner von beiden zu kurz kommt.

Bei Braunbär und *Puma* steht im Vordergrund, die Kopflastigkeit des einen mit der Gefühlsbetontheit des anderen in Einklang zu bringen. Wenn Liebe im Spiel ist, könnten sich beide sehr bereichert fühlen- ohne sie dürften sich die Wege schnell trennen, denn beide morsen auf ganz verschiedenen Wellen. Wie so oft auch woanders, kommen diese beiden ohne Kompromissbereitschaft und Toleranz in kein gutes Fahrwasser.

Rabe (23.September – 23.Oktober)

Der Rabe- bei uns die Waage- kommt unter dem "Mond der Fliegenden Enten" zur Welt. Sein Totem aus dem Reich der Pflanzen ist die Königskerze und aus dem Mineralienreich der Jaspis. Seine Farbe ist das Braun der herbstlichen Erde und er gehört dem Klan der Schmetterlinge an, was bei uns die Luftzeichen sind.

Der Rabe ist der geborene Diplomat, Vermittler und De-Eskalateur. Sein Gerechtigkeitssinn ist legendär und er sehnt sich zutiefst nach Harmonie und Frieden. Diese Sehnsucht macht ihn hier und da etwas konfliktscheu und er geht Streit gern weiträumig aus dem Weg.

Der Rabe ist gesellig, etwas leichtgläubig, oft künstlerisch begabt, charmant und liebenswürdig. Er ist ein ästhetisches Naturtalent und leicht außengesteuert, was sich in seiner Vorliebe für elegante Auftritte niederschlägt. Auch sieht er sich zwar- wie die zwei Seiten einer Medaille- das Vorn und Hinten eines Menschen an, vergisst aber gern, sich für sein Inneres zu interessieren.

Der Rabe hat Schwierigkeiten, sich zu entscheiden und dabei zu bleiben. Er sollte etwas an seiner Selbstsicherheit arbeiten und seine Verlässlichkeit stärken.

Wer passt wie zum Raben?

Der Rabe liegt im Tierkreis dem *Roten Habicht* gegenüber, und so kann man sich auch diese beiden Gesellen vorstellen- wie Antipoden. Dass sie einander misstrauisch beäugen, kommt nicht sooo selten vor, denn ihre Sicht der Dinge und ihre Gefühlswelten liegen weit auseinander. Ohne einen Berg Kompromisse entwickelt sich hier sehr wahrscheinlich keine harmonische Beziehung.

Rabe und *Biber* müssten schon sehr untypisch veranlagt sein, sollte sich hier eine große Liebe entwickeln, denn normalerweise verbindet die beiden nicht allzu viel. So gern der Rabe auf der Suche nach Abwechslung und Anregung auf die Piste geht, so gerne bleibt der solide *Biber* in seinen gemütlichen vier Wänden.

Sich unter's Volk mischen, Spaß haben, Leute kennen lernen, endlose Gespräche führen- das haben Rabe und *Hirsch* gemeinsam. Die beiden dürften sich nicht allzu häufig zuhause aufhalten, denn sie stecken voller Unternehmungslust. In dieser Beziehung kommt sehr wahrscheinlich keine Langeweile auf.

Rabe und *Specht* sind von Natur aus sehr unterschiedlich, was sich schon in ihrer Häuslichkeit und ihren unterschiedlichen Bedürfnissen emotionaler Natur zeigt. Die Sehnsucht des Raben nach Geborgenheit hält sich sehr in Grenzen, diese ist dem *Specht* jedoch ein Grundbedürfnis. Während der Rabe lieber an der

Oberfläche verweilt, möchte der *Specht* auch die tiefen Emotionen ausloten. Diese beiden müssten täglich Kompromisse eingehen.

Die Beziehung zwischen Rabe und *Stör* kann einer dieser schönen Selbstgänger werden- hier findet man von vornherein viele grüne Zweige, auf die diese beiden miteinander kommen könnten. So sind sie sich in vielem einig, pflegen beide ihre Geselligkeit und eine kultivierte Lebensart- da lauern nur wenige Verständigungsprobleme auf weiter Flur. Nur sollten sie ab und zu einen Blick auf ihre Finanzen riskieren...

Der Rabe ist ein Freund von Bewegung und Veränderung, der *Braunbär* fühlt sich am sichersten in einem fest umrissenen Rahmen; der Rabe ist gesellig und mischt sich gern unter's Volk, der *Braunbär* ist häuslich und nicht sonderlich erpicht auf Zerstreuung. Diese beiden müssen sich einiges einfallen lassen, damit diese Beziehung für beide genießbar wird. Da sie unter Umständen beide den Segen der Kompromissbereitschaft verstanden haben, kann dies auch gelingen.

Der eine Rabe dürfte einen anderen *Raben* ausgesprochen anziehend finden, ticken sie doch beide sehr ähnlich. Da Raben normalerweise lieber an der Oberfläche bleiben- gerade, was ihr Seelenleben betrifft- so dürfte eine solche Beziehung keine allzu tiefe Emotionalität aufweisen. Diese Unverbindlichkeit kann leicht zur Trennung führen. Das Gute daran: hier wäscht vermutlich weder der eine noch der andere lang und breit dreckige (Beziehungs-) Wäsche.

Es bedarf schon eines mittelgroßen Wunders, um zwei so unterschiedliche Charaktere unter einen Hut zu bringen, wie den Raben und die *Schlange*. Wo der eine gern unerkannt bliebe, taucht die andere mit Passion in die seelischen Abgründe des Menschseins ein. Hat der eine "hundert Freunde", hat die andere drei enge Vertraute.

Der Rabe wechselt gerne mal seinen Standpunkt, die *Schlange* bleibt bis zum Sankt Nimmerleinstag bei ihrer Meinung- wie gesagt: ein mittleres Wunder wär' ganz gut...

Mit Rabe und *Wapiti* treffen sich wieder die gut passenden Elemente Luft und Feuer. Diese beiden dürften sich viel Raum zum Atmen lassen und von Anbeginn sympathisch sein. Die Wertschätzung ist gegenseitig- das sieht insgesamt sehr vielversprechend aus.

Zu meiner Verwunderung lassen sich Rabe und *Schneegans* immer wieder aufeinander ein, obwohl sie in so gut wie nichts zusammenpassen oder harmonieren. Käme eine Riesenportion Toleranz und Entgegenkommen hinzu (beides übrigens keine Stärken der *Schneegans*), könnten die beiden einiges voneinander lernen, zum Beispiel die *Schneegans* vom Raben die Leichtigkeit des Seins und der Rabe von der *Schneegans* die Ernsthaftigkeit, Verlässlichkeit und Konsequenz- aber nur mithilfe dieser täglichen Riesendosis.

Dass Rabe und *Otter* sehr häufig als Paar anzutreffen sind, wundert mich hingegen gar nicht, denn diese beiden passen zusammen wie Hü und Hott. Sie entstammen demselben (Luft-) Element und morsen auf einer Wellenlänge- was soll man da noch hinzufügen?

Die emotionale Unverbindlichkeit des Raben kann zu Kommunikationsproblemen zwischen ihm und dem *Puma* führen- was dem einen lästig (oder unheimlich?), ist des anderen Lebenselixier. Das Verbleiben an der Oberfläche kann ein waschechter *Puma* nicht nachvollziehen- sein Leben spielt sich zum größten Teil sehr emotional ab. Auch hier müsste ein Wunder geschehen...

Schlange (24.Oktober – 21.November)

Die Schlange, die unserem Skorpion entspricht, wird unter dem "Mond der Ersten Frösche" geboren. Ihr Totem aus dem Pflanzenreich ist die Distel, aus dem Reich der Mineralien der Malachit. Ihre Farbe ist Orange und sie gehört zum Elemente- Klan der Frösche, was bei uns die Wasserzeichen sind.

Die Schlange erscheint unergründlich und geheimnisvoll, was einerseits fasziniert, andererseits aber sowohl anziehend als auch abstoßend wirken kann. Gepaart mit einer ausgezeichneten Beobachtungsgabe ist die Schlange durch ihre große Sensibilität die geborene Forscherin auf dem Gebiet der Psychologie, aber auch der Magie und Mystik.

Die Äußerungen einer Schlange sind oft von hoher Präzision.

Die Schlange ist ehrgeizig, eifersüchtig, selbständig, entschlossen, Besitz ergreifend, ausdauernd, tatkräftig, engagiert, konsequent, verlässlich und zurückhaltend. Sie schont weder sich noch andere, was anstrengend sein kann. Ihre emotionale Amplitude ist bemerkenswert, aber sie hat die Natur eines Stehaufmännchens. Die Überzeugungen und Meinungen der Schlange sind oft "fest gemauert in der Erden". Sie sollte sich (auch im eigenen Interesse) im Loslassen üben.

Wer passt wie zur Schlange?

Trifft die Schlange auf den *Roten Habicht*, kann dies zu einem lang anhaltenden Funkenregen führen, denn es ist die Leidenschaft, die den beiden innewohnt und sie verbindet. Nur spielt sich diese beim *Roten Habicht* eher oberflächlich ab, während die Schlange tief im Inneren brodelt. Wenn sie liebt, dann mit Haut und Schuppen. Und genau da wird's schwierig für den *Habicht*- er mag sich nicht vereinnahmt fühlen. Hier kommen die Verständigungsschwierigkeiten dieser beiden sehr unterschiedlichen Wesen zum Tragen, an denen sie intensiv arbeiten müssten.
Nicht ganz problemlos ist auch eine Verbindung mit dem *Biber*. Bis auf die Häuslichkeit und Zuverlässigkeit verbindet die beiden nicht viel, ihre Bedürfnisse und Neigungen sind sehr unterschiedlich. Ohne klärende Gespräche und viel Toleranz ist hier "normalerweise" nicht viel zu erwarten.
Die Schlange wünscht sich Verbindlichkeit- auch in emotionaler Hinsicht-, der *Hirsch* braucht das Gefühl von Freiheit. Er möchte auf die Piste gehen und flirten dürfen, und das akzeptiert die Schlange ganz sicher nicht. Ihr

Versuch, ihn an sich zu binden, wird vermutlich scheitern. In dieser Beziehung wäre die Grundstimmung eher angespannt.

Wenn die zwei Wasserzeichen Schlange und *Specht* aufeinander treffen, dürfte sich von allen möglichen Konstellationen diese hier als eine der harmonischsten herausstellen. Hier gibt es so gut wie keine Konflikte; das dürfte, falls keine großen Kommunikationsprobleme auftauchen, eine lange, intensive, glückliche Beziehung werden.

Mit dem *Stör* trifft die Schlange auf ein Feuerzeichen, was von vornherein für Schwierigkeiten sorgt. Hier ist die Verständigung verbaler und emotionaler Natur langfristig echt nicht so der Bringer; die beiden sollten sich lieber in jemand anderen verlieben.

Der *Braunbär* schätzt die Stabilität, Empfindsamkeit und Zuverlässigkeit der Schlange- vielleicht ahnt er tief im Inneren, dass sie ihm etwas aus seiner Reserviertheit heraushelfen könnte. Der tief verwurzelte Mangel an Vertrauen und die allgemeine Zurückhaltung des *Braunbären* wird die Schlange freudig als willkommene Herausforderung empfinden, er bedankt sich bei ihr mit Fürsorge und Häuslichkeit.

Ob die Schlange und der *Rabe* überhaupt längere Zeit füreinander interessant sind, ist sehr fraglich- so gerne die eine emotionale Abgründe erforscht, so gern bleibt der andere am liebsten unverbindlich. Hier versteht keiner die Grundausstattung des anderen.

So sehr sich Schlange und *Schlange* gegenseitig in den Bann ziehen können, so kann die wilde Eifersucht des jeweils anderen diese Beziehung zerbröseln. Eifersucht ist mangelndes Selbstvertrauen, demzufolge Misstrauen anderen gegenüber und Verlustangst- das müssten die beiden zuerst an sich selber heilen, damit dies eine gute Beziehung abgeben kann.

Mit der Schlange und dem *Wapiti* begegnen sich zwei sehr unterschiedliche Wesen. Schafft es die Schlange, ihren Besitzanspruch kräftig aufzulockern und schmeißt der *Wapiti* alles an Toleranz auf den Markt, was er hat, könnte sich eine interessante und an guten Gesprächen reiche Beziehung entwickeln.

Die Schlange und die *Schneegans* werden sich vermutlich spontan körperlich voneinander angezogen fühlen, was einen guten Start abgeben kann, sich näher kennen zu lernen. Hier kann die Schlange wieder ihrer Passion frönen (fröhnen?), jemanden aus der emotionalen Reserve zu locken. Diese Beziehung dürfte viele verbindende Elemente aufweisen, unter anderem so wichtige wie Stabilität und Verlässlichkeit.

Die Verbindung zwischen Schlange und *Otter* ist eigentlich keine, denn hier prallen zwei Welten aufeinander- im Denken, im Fühlen, und überhaupt. Sie müssten sich beide kräftig verbiegen (gut- kein Kunststück für eine Schlange, harhar), damit sie für den anderen einen passenden Partner abgäben. Man könnte sich aber auch die Frage stellen, ob das Ganze die Sache wert ist.

Wenn die tief schürfende Schlange auf den sehr emotionalen *Puma* trifft, bestehen vermutlich von Anfang an keine großen Verständigungsprobleme. Beide verfügen über einen bemerkenswerten seelischen Tiefgang, der ihre Beziehung auf ein solides Fundament stellen kann. Diese Begegnung hat das Zeug, in eine sehr lang andauernde, glückliche Beziehung zu münden. Vor allem, wenn sie auch noch herausfinden, wie sie einander Halt geben können.

Wapiti (auch Eule) (22. November – 22. Dezember)

Der Wapiti, eine große Hirschart, entspricht unserem Schützen. Er wird unter dem "Mond des Langen Schnees" geboren, hat als Pflanzen- Totem die Schwarzfichte und als Mineral den (schwarzen) Obsidian. Die Farbe des Wapiti ist- richtig!- Schwarz und er gehört dem Klan der Donnervögel an (bei uns sind dies die Feuerzeichen).

Der Wapiti strebt nach Horizonterweiterung und Weisheit, was in den Augen mancher Menschen den Eindruck des Abgehobenseins hinterlässt. Davon lässt sich der Wapiti aber nicht daran hindern, weiter seine hehren Ziele zu verfolgen, die Welt zu verbessern und andere Menschen für seine Ideen zu gewinnen... möglich, dass der erste Greenpeacer ein Wapiti- Geborener war.

Der Wapiti ist unternehmungslustig, offen, warmherzig, zuversichtlich, unabhängig, einfallsreich, direkt, sehr gesellig, und er verfügt über ein charismatisches Wesen. Manchmal schießt sein Missionseifer über's Ziel hinaus, dann kommt hier und da seine Besserwisserei zum Vorschein. Diskussionen sind ihm ein willkommener Quell, neue Einblicke zu erhalten und er freut sich über jeden interessanten Gesprächspartner.

Bei Unternehmungen übernimmt der Wapiti oft die Führung (was seinen Qualitäten entspricht) und gibt gerne den (freundlichen) Ton an.

Wer passt wie zum Wapiti?

Es fängt schon mal gut an mit dem Wapiti und dem *Roten Habicht*. Beide sind Feuerzeichen, sie sind kommunikativ, herzlich und offen. Die beiden haben einen tollen Draht zueinander und es gibt nur sehr wenige Missverständnisse auszuräumen. Diese Beziehung hat gute Chancen, eine für's Leben zu werden.

Beim Wapiti stehen die Weiterentwicklung, Gespräche und neue Menschen kennen lernen hoch im Kurs, der *Biber* hält sich sehr gerne zuhause auf, liebt es, Vertrautes um sich zu haben und ist kein Fan von Jubel und Trubel. Diese beiden denken und fühlen sehr unterschiedlich, und es ist fraglich, ob es ihnen gelingt, unter einem Hut Platz zu finden. Manchmal haut's hin.

Während der Wapiti damit beschäftigt ist, alle Möglichkeiten zur Verbesserung der Menschen und der Welt auszuloten, zieht der waschechte *Hirsch* lieber mit seinen Kumpels durch die Kneipen. Während der Wapiti viel Zeit damit verbringen kann, sich einem philosophischen Problem zu widmen, genießt der *Hirsch* gern die

Leichtigkeit des Seins. Wenn der eine den Wert des anderen erkennen lernt, kann eine sehr interessante und anregende Beziehung daraus werden... sonst eher nicht.

Der Wapiti hat nicht ansatzweise das Bedürfnis nach Häuslichkeit, Geborgenheit und emotionaler Hingabe, wie man es beim *Specht* findet. Dieser könnte ihm dadurch zuwenig Freiraum geben, denn er hat eine tief sitzende Angst, verlassen zu werden. Aber genau das könnte passieren, wenn dem Wapiti zuwenig Luft zum Atmen bleibt. In dieser Konstellation ist ein sehr großer Einsatz vonnöten, bis man sich zusammengerauft hat, und auch dann ist noch nicht gesagt, dass sich die beiden auch wohl fühlen.

Wapiti und *Stör* haben von Anfang an keine Probleme, in's Gespräch zu kommen und im Gespräch zu bleiben; sie finden sich anziehend und lassen sich wahrscheinlich mit Begeisterung aufeinander ein. Bekommt der *Stör* sein Besitzdenken in den Griff und bezieht der Wapiti ihn in seine intellektuellen Höhenflüge mit ein, kann das eine super Verbindung abgeben.

Der Wapiti und der *Braunbär* haben nicht viel gemeinsam; jeder müsste dem anderen seine Denkart, seine Gefühlswelt und seine Wahrnehmung nahe bringen, denn sie verstehen einander nicht von Natur aus. Da sie beide eher kopflastig sind, könnten gute, fruchtbare Gespräche entstehen. Was daraus wird, müsste man halt sehen.

Wapiti und *Rabe* sind beide aktiv, geistig aufgeschlossen, breit gefächert interessiert und unternehmungslustig. Der *Rabe* kann Dinge und Ideen oft richtig einschätzen, er erkennt so manchen Rohrkrepierer schon im Ansatz und wäre dem Wapiti ein guter Ratgeber und Unterstützer bei seinen hehren Zielen.

Die Begegnung von Wapiti und *Schlange* könnte durch das altbekannte Feuer-/ Wasser- Problem gezeichnet sein. Den

Wapiti zieht es in geistige Gefilde und zu hohen Idealen, die *Schlange* taucht mit Begeisterung und untrüglichem Spürsinn in die Tiefen der menschlichen Seele ein- das sind nicht unbedingt identische Arbeitsfelder. Es wäre interessant zu sehen, wie diese beiden auf einen grünen Zweig kommen...

Wenn ein *Wapiti* und ein weiterer genauso viel Engagement für ihre Beziehung aufbringen könnten, wie für die Lösung der Probleme der Menschen und der Welt, so wäre an einer Beziehung dieser beiden nicht viel auszusetzen. Dank ihrer Empathie spüren sie die Bedürfnisse des anderen, sie sind tolerant, freundlich und offen... na, dann!

Wenn der Wapiti der Starter ist, wäre die *Schneegans* der Bremsklotz. Nie fiele ihr ein, sich zu so hohen Idealen zu versteigen; sie ist realistisch und diszipliniert und alles andere als ein hochfliegender Spinner. Die *Schneegans* teilt weder den Enthusiasmus noch den Idealismus mit dem Wapiti, und doch könnten beide wertvolle Ergänzungen füreinander sein. Sie müssten nur herausarbeiten, wie...

Da bleiben kaum Wünsche offen- Wapiti und *Otter* passen zusammen wie Pampel und Muse. Jeder ist begeistert vom anderen und es gibt kaum ein Paar, das sich so aktiv bei der Menschwerdung unterstützt wie diese beiden Schätzchen. Solche Leute sollte man ruhig öfter um sich haben- sie verbreiten eine erfrischende, positive Aura.

Der gemeinsame Weg von Wapiti und *Puma* dürfte sehr steinig, wenn nicht gar felsig sein. Eher behindern sie sich gegenseitig, als dass sie einander gut tun; hier kommt wieder das Feuer-/ Wasser- Problem zum Tragen. Das Feuer des Wapiti entfacht nur ausnahmsweise den *Puma*, die Sensibilität des *Pumas* zielt nicht unbedingt auf globale Probleme ab... die beiden leben einfach in verschiedenen Welten.

Aber auch da soll es ja schon Annäherungen gegeben haben; zwei solcher Konstellationen sind mir bekannt, und beide sind echt nicht die schlechtesten Beziehungen, die ich je gesehen habe...

Letzte Betrachtung

Astrologie ist eine interessante Sache, wie ich finde. Sie kann das Schubladendenken fördern, aber sie kann sich auch positiv auf die Menschenkenntnis auswirken und die Sinne öffnen- je nachdem, was man mit ihr anstellen will.
Dass mein Mütterlein recht hatte mit ihrer Aussage, Steinbockmenschen seien die besten überhaupt, wage ich zu bezweifeln; ich hab' mich mal umgesehen: Florence Nightingale war eine Stierfrau, Mahatma Gandhi war ein Waage- Mensch, Mutter Teresa war Jungfrau- Geborene, Dr. Hunter "Patch" Adams ist ein Zwilling... ich kann nicht feststellen, dass "die Guten" immer die gleichen sind- sie gehen eher quer durch den Astro- Garten.

Wo war ich vorher? Ach ja: jedes Mal, wenn mir eine ziemlich genau zutreffende Einschätzung meines interessierten Gegenübers gelingt, freut es mich. Die "Kunst" liegt darin, sich nicht in Allgemeinplätzen zu verlieren (der Steinbock hat in der Regel eine Nase im Gesicht, der Waage- Geborene läuft normalerweise auf zwei Beinen... okay, blöde Beispiele), sondern einigermaßen konkret zu werden (Steinböcke können gut allein sein, ohne sich einsam zu fühlen, Jungfrauen fühlen sich sehr zum Lehramt hingezogen, Löwemänner sind der Inbegriff des Charmebolzens, Stiergeborene leben nur ausnahmsweise asketisch, Krebsfrauen sind die geborenen Bemutterer...).

Europäische Monarchen, die noch heute vor wichtigen Entscheidungen ihren Hof- Astrologen befragen, gibt es wahrscheinlich nicht mehr so viele, wie es vor 500 Jahren der Fall war. Aber noch heute ist es dem- ich sag's jetzt mal so- "an Astrologie interessierten Durchschnitts- Chinesen" wichtig, mit wem er es als Arbeitnehmer oder als potenziellem Schwiegersohn zu tun hat; hier kann das Tierzeichen den Ausschlag zum Zuschlag geben- oder eben nicht.

Im Jahr des Feuerpferdes geborenen Mädchen zum Beispiel (alle 60 Jahre; 1906, 1966, 2026...) haben die Chinesen- laut (modernem) Mythos- schon immer vor große Probleme gestellt, denn solche Mädchen wollen sich angeblich partout nicht unterordnen, und das geht in einem Patriarchat gar nicht. So wurde es als Unglück angesehen, ein Feuerpferd- Mädchen in der Familie zu haben und entsprechende Maßnahmen wurden ergriffen, um dadurch ja nicht sein Gesicht zu verlieren.

Oder sollte sich der Tiger- Sohn in ein Affe- Mädchen verkuckt haben, ließen sich die Eltern einiges einfallen, um ihn vor dieser Verbindung zu warnen, bzw. sie zu verunmöglichen, sprich: sie ihm zu verbieten. Sich gegenüberliegende Zeichen harmonieren in der chinesischen Astrologie überhaupt nicht; in jedem mir bekannten Buch darüber wird von solchen Verbindungen mehr oder weniger dringend abgeraten.

In solch ein Weltbild muss man vermutlich hineingeboren sein, um es zu verstehen. Oder es ausführlich studieren.

Auch unsere Welt war und ist voll von modernen Mythen, so zum Beispiel dem Mythos von den Läusen, die man in den Bauch kriegt, wenn man viel Wasser trinkt, dem des sagenhaft hohen Eisenspiegels von Spinat, dem der Spinne in der Yucca- Palme oder dem, dass das Gesicht irgendwann so stehen bleibt, wenn man Grimassen schneidet. Mythen beinhalten nach meiner Auffassung viel Unwissen und viel Angst; lieber etwas nicht tun, als Schaden davon zu tragen. Wie sonst hätte man am Ende der damals bekannten Welt mit dem Schiff über die Klippe stürzen können, wenn nicht vorher ein Mythos diesbezüglich die Angst geschürt hätte? Das belebt nicht gerade die Experimentierfreude, und trotzdem gab's immer wieder Menschen, die das selbst untersuchen wollten... naja, auf Geheiß des einen oder anderen Monarchen auch sollten, okay.

Astrologie hat für mich viel mit Experimentierfreude zu tun- ich möchte wissen, ob es mit UNS nicht passt oder doch, und nicht, wie das im Allgemeinen so gesagt wird. Ich lasse mich gern immer wieder überraschen. Im Übrigen steht einem ja jederzeit die persönliche Weiter-Entwicklung als Option zur Verfügung.

Gutes Gelingen!

Danksagungen

Ohne das Zutun einiger energiegeladener Menschen wäre vorliegendes Buch nicht entstanden– mein allerherzlichster Dank geht an Euch !

an Joanna
für ihren freundlich – nachdrücklichen und durch nichts zu ersetzenden ersten Impuls,

an Karin
für ihren wundervollen Pink Panther, ohne den ich vermutlich einen undurchschaubaren Wust an Handschriftlichem produziert hätte,

an Elli
für ihre wichtigen Hinweise und ihre wertvolle Zeit, die sie in das Lektorat (und überhaupt) investiert hat,

an
alle Leserinnen + Leser – auch denen in spe-, ohne die das Ergebnis der Schreiberei ein vermutlich einsames Dasein in irgendeiner Schublade gefristet hätte,

und schließlich an Hannes
für seine nie erlahmende, unverzichtbare Unterstützung, für sein immer- wieder- neu- Entzünden der Flamme, wenn sie auszugehen drohte, und dafür, dass er so ist, wie er ist.

Literaturnachweis

- "Das große Buch der chinesischen Astrologie" von
  Theodora Lau
  Scherz-Verlag 1979
  ISBN: 3 – 8112 – 0496 – 3
- "Die Akte Astrologie" von Gunter Sachs
  Wilhelm Goldmann Verlag 1994
  ISBN: 3 – 442 – 30746 – 5
- "Das Medizinrad" von Sun Bear und Wabun Wind,
  Arkana-Goldmann, 6. Auflage 1997
  ISBN: 3 – 442 – 13257 – 6
- "Das indianische Horoskop" von Winfried Noé
  Falken-Verlag 1997/1998
  ISBN: 3 – 635 – 602949